LA VIE OUVRIÈRE

JACQUES VALDOUR

"LE FAUBOURG"

Observations vécues

" Editions Spes "
17, rue Soufflot — PARIS (Vᵉ)

1925

" LE FAUBOURG "

DU MÊME AUTEUR

Questions religieuses

L'abbé Loisy, M. Le Dantec, M. Clemenceau font leur
prière. Une broch. in-8°, 1908 . . . . . *Epuisé.*

Le professeur Loisy contre l'abbé Loisy. Une broch. in-12.
1909 . . . . *Epuisé.*

Le Lycée corrupteur. Un vol. in-16, 1909 . . . *Epuisé.*

La Laïque (la neutralité, les manuels, la parole et l'exemple). Un vol. in-12, 1910 . . . . *Epuisé.*

Questions sociales

Série « *La Vie ouvrière, Observations vécues* ».
chez ROUSSEAU, 14, rue Soufflot, PARIS
et GIARD, 2, rue Royale, LILLE.

La Vie ouvrière. Un vol. in-12, 1909 . . . 5 fr. 25

La Méthode concrète en science sociale. Un vol. in-12,
1914 . . . . 3 fr. 75

Les Mariniers. Un vol. in-12, 1re édition 1914, 2e édition
1919 . . . . 5 fr. 25

Réponse à quelques objections. Une brochure in-12,
1919 . . . . 2 fr. 25

L'Ouvrier agricole. Un vol. in-12, 1919 . . 6 fr. 75

Les Mineurs. Un vol. in-12, 1919 . . . . 6 fr. 75

Deux Chauffeurs-conducteurs. Un volume in-12,
1919 . . . . 4 fr. 50

L'Ouvrier espagnol. Deux vol. in-12, 1919 . . 13 fr. 50

Ouvriers parisiens d'après-guerre (*ouvrage couronné par
l'Académie française, prix Fabien, 1923, et par
l'Académie des sciences morales et politiques, prix
Audéoud, 1925*). Un vol. in-12, 1921 . . 6 fr. 75

Aux « EDITIONS SPES », 17, rue Soufflot, PARIS.

Ateliers et Taudis de la banlieue de Paris. Un vol. in-12
1923 . . . . 5 fr. »

De la Popinqu' à Ménilmuch'. Un vol. in-12, 1924. 6 fr. »
—
Exemplaires sur pur fil La-
fuma numérotés et signés . . . . . . 25 fr. »

LA VIE OUVRIÈRE

JACQUES VALDOUR

"LE FAUBOURG"

Observations vécues

" Editions Spes "
17, rue Soufflot — PARIS (V⁰)

1925

IL A ÉTÉ TIRÉ DE CET OUVRAGE VINGT-
CINQ EXEMPLAIRES SUR PAPIER PUR FIL
LAFUMA, NUMÉROTÉS DE I A 25 ET
SIGNÉS PAR L'AUTEUR.

INTRODUCTION

Pour tout Parisien, « *Le Faubourg* » signifie le Faubourg Saint-Antoine, comme « *Le Quartier* » s'entend du Quartier latin.

Le Faubourg est tout entier consacré à l'industrie de l'ameublement. Cette industrie essentiellement parisienne emploie, avec celles du bronze et de l'orfèvrerie, les autres métiers d'art ou de luxe et la petite métallurgie, la plus grande partie de la population ouvrière de la capitale.

Le Faubourg proprement dit occupe l'espace compris entre la place de la Bastille et la place de la Nation, la rue de Charenton, la rue de Charonne et le boulevard Voltaire, avec, pour artère centrale, la rue du Faubourg Saint-Antoine. Mais il se prolonge par le quartier de Charonne et même, hors murs, par les communes de Montreuil et de Bagnolet. Le quartier de Charonne s'étend entre le boulevard de Charonne et les fortifications, la rue d'Avron et la rue de Bagnolet. Tandis que le Faubourg Saint-Antoine forme le fief de l'industrie du meuble d'art exclusivement traité par des artisans habiles, répartis entre une multitude de petits ateliers, le quartier de Charonne et les communes de Montreuil et Bagnolet constituent le domaine des fabriques de meubles en série. Dans le premier centre, on ne trouve guère que l'ouvrier français du Faubourg, perpétuant les habiles traditions de travail et de goût de ce foyer ancien de la fabrication du meuble de luxe. Dans le second, qui ne s'est constitué que depuis vingt ans et répond au besoin de meubles à bon marché, on rencontre, à côté de l'ouvrier français de métier, le simple manœuvre et le manœuvre spécialisé, étranger ou Français.

Nous avons successivement étudié l'ouvrier du meuble en série, dans Charonne, et, dans le Faubourg Saint-Antoine, l'ouvrier ébéniste.

CHAPITRE PREMIER

EN PLEIN CHARONNE

§ I

UNE FABRIQUE DE MEUBLES EN SÉRIE

Tout en passant son pantalon de travail : « On vient », fait un petit vieux, « de guillotiner le type qui avait assassiné une femme... — Deux femmes ! deux ! que j'te dis », lui crie un jeune, de vingt et quelques années, aux petits yeux porcins vrillés dans une face à bajoues luisantes et au museau proéminent. « ...Et c'était un Marocain... Mais d'abord j'te parle pas, j'discute pas avec toi ! » poursuit avec fureur le jeune animal, en ouvrant une vaste gueule entre des lèvres minces et frémissantes. Un bref coup de sifflet interrompt le colloque. Suivi du vieux manœuvre Gautier, son servant, Achille, calmé, gagne, à quelques mètres de là, la grosse raboteuse qu'il conduit... Tout contre la petite armoire où pendent les vêtements de ville, une autre machine à raboter dresse ses formes trapues, son cylindre couché sous un couvercle que coiffe l'entonnoir d'un aspirateur. Durand finit de la régler, puis il tourne le commutateur, lance le courant électrique qui la met en mouvement dans un ronflement sourd ; d'un geste brusque, il présente l'extrémité d'une planche de hêtre aux mâchoires qui la happent, la nettoient dans un mugissement avec un bruit de tonnerre dont toute la membrure d'acier frémit et la refoulent sur l'autre bord du plateau poli et brillant. D'un appel muet du bras jeté vers moi par un coup de détente brutale, qu'accentue la mâchoire brusquement projetée en avant dans un bref hochement de tête, Durand me signifie d'avoir à recueillir la planche rabotée. Où la porter ? Mon hésitation lui fait hausser les épaules de pitié. D'un autre hochement de tête furieux, il me désigne la place où je dois la poser à terre ; il me lance un regard de mépris et, du bras replié dans le vide, fait le geste de frapper. Durand peut compter vingt-deux ou vingt-trois ans. Sous une chevelure abondante, le visage, tout rasé, est fermé, dur, hargneux ; sourcils froncés, lèvres serrées, une joue gonflée par une chique, il a toujours l'air méprisant et hostile. Un petit tatouage bleu orne son avant-bras ; un cœur traversé d'une flèche. La main est fine, le pied petit. Une bretelle de fusil, coupée en lanières, orne d'une ceinture tressée les hanches où elle fixe le pantalon de travail, en toile cachou. Quoique intelligent, il est incapable de donner un ordre clair, de formuler sa pensée lorsqu'il commande. A deux mètres derrière lui, le long du mur, deux dégauchisseuses allongent leur rectangle d'acier luisant traversé en son centre d'une fente étroite, aux bords tranchants, où tourne, à une vitesse vertigineuse, un axe de métal sur lequel l'ouvrier pousse, pressée par ses deux mains, une pièce de bois. Les lampes électriques éclairent ces machines entassées dans un coin assombri par la large galerie qui, au premier étage, entoure le hall carré où nous travaillons. Dans l'industrie du fer, les usines sont construites tout en fer, en bois dans l'industrie du bois. La charpente du hall, les planchers et balustrades de la galerie qui court sur ses quatre faces, les escaliers, tout est en bois. Des panneaux de briques et de plâtre ou des panneaux vitrés logés dans l'intervalle des poutres forment les murs extérieurs. Dans les ateliers, les placards des vestiaires sont faits en planches, non en tôle, comme dans la métallurgie. Des lavabos et des *water* à l'anglaise sont installés dans des annexes. A droite des raboteuses, se succèdent une scie à ruban et une scie circulaire ; derrière moi, deux toupilleuses ; au centre du rez-de-chaussée, sous le jour abondant qui tombe du toit vitré, une toupilleuse, une scie à ruban, une planeuse, plusieurs machines à sculpter dont les amples balanciers font contre-poids à la pièce de fer transversale que garnissent une demi-douzaine de petites fraises : l'ouvrier sculpteur les applique simultanément sur six frontons d'armoire, les conduisant de façon qu'elles y creusent les coquilles, enroulements et volutes d'un modèle Louis XV de style « rocaille ». Grâce aux aspirateurs qui coiffent les raboteuses, ni la poussière ne flotte autour des machines, ni les déchets de bois ne viennent encombrer le sol. Il n'en est pas de même des toupilleuses dont les aspirateurs malaisément ajustables ne retiennent qu'une faible partie des poussières et débris qu'elles rejettent. Bien qu'il n'ait pas encore atteint la perfection, ce système de nettoyage permanent par le vide maintient une propreté qui rend le travail plus facile et ses conditions plus hygiéniques ; il constitue dès maintenant pour l'ouvrier un progrès fort appréciable, que le perfectionnement continuel de l'outillage ne pourra manquer d'accroître. Ces améliorations du machinisme sont dues à l'intelligence toujours en éveil des chercheurs, ce qui suppose la division du travail social, l'aisance, les loisirs, le stimulant de l'intérêt personnel, l'activité, l'initiative, la liberté que le régime de la propriété individuelle suscite et garantit, et que détruirait tout régime socialiste, quelle que fût sa formule. « Trop de fabriques, me dit un dégauchisseur, sont encore dépourvues d'aspirateurs ; la poussière et les copeaux volent partout. Les patrons promettent à l'inspecteur du travail d'en installer dans le cours de l'année ; mais ils ne tiennent pas leur promesse. » La poussière altère et fatigue ; au contraire, dans une atmosphère nette et saine, l'ouvrier peine moins, produit davantage, ne s'intoxique pas, n'est pas poussé à boire (1) ; les conditions matérielles du tra-

(1) L'alcoolisme tient à plusieurs causes : conditions matérielles du travail, longueur de la journée de travail, bas prix de l'alcool et du vin, vente licite de liqueurs très

vail exercent une influence certaine sur la psychologie et la moralité du travailleur. Les machines, mues par des moteurs électriques, reçoivent des courroies latérales fort courtes, appliquées contre leur flanc ; l'atelier, débarrassé de la forêt des bandes de cuir qui descendaient de la charpente du toit, y gagne en clarté et les risques d'accident dûs aux poulies aériennes disparaissent.

Néanmoins, de grands progrès restent encore à réaliser dans l'outillage de l'industrie assez récente du meuble en série. Les « machines à bois » actuellement en usage sont d'une grande simplicité, mais le maniement de quelques-unes d'entre elles offre du danger ; on n'est pas encore parvenu à trouver le moyen de les munir d'un dispositif qui protège efficacement l'ouvrier ; la dégauchisseuse, la scie circulaire ou à ruban, la toupilleuse dont l'outil tourne à une vitesse telle qu'il devient invisible ont tôt fait, au moindre fléchissement de l'attention de l'ouvrier, d'emporter chair, nerfs, muscles et os. Trois hommes de l'atelier ont un doigt mutilé. Au centre du plateau d'acier de la dégauchisseuse s'ouvre une fente où s'arrondit, entre deux lames tranchantes, l'axe dont la rotation vertigineuse mobilise la pièce de bois ; la machine joue le rôle d'un rabot fixe sur lequel il faut placer, presser et pousser la pièce de bois ; que l'on prenne bien garde d'aventurer les doigts au voisinage de l'axe central en proie à la

toxiques, comme l'absinthe et ses succédanés, l'entraînement par les camarades, l'habitude prise, les usages professionnels.

plus folle vitesse ! Comme le plancher, poli par le
passage du personnel, est très glissant, « il ne faudrait pas, en tombant, chercher à se rattraper à une
machine, me dit un dégauchisseur. Malheur à qui
poserait la main sur l'appareil en marche ! J'ai vu
une casquette y tomber et disparaître, happée, déchi-
quetée, en un clin d'œil ! Il vaut mieux se laisser
tout bonnement tomber à terre. — C'est que, murmure son voisin, dans ces moments-là, on n'en cherche pas si long, on ne réfléchit pas : instinctivement
on étend la main pour se rattraper... »

Les très menus accidents professionnels, du reste
inévitables et assez fréquemment répétés, consistent
en une écharde dans les mains, un minuscule frag-
ment de copeau dans l'œil, un doigt pincé ou écorché, un coup porté par une pièce de bois sur quelque partie du corps ou à la tête.

Le transport des pièces de bois est fort pénible
pour les manœuvres qui n'y sont pas encore entraî-
nés. Pendant quinze jours, mon épaule et mon bras
ont été couverts d'ecchymoses produites par la simple pression des charges que je devais porter : des
taches bleues, jaunes, rouges marbraient ma peau.
La substitution de la manutention mécanique à la
manutention humaine réaliserait un très appréciable
progrès. C'est le développement du machinisme qui
améliorera cette industrie, comme toutes les autres,
et la mettra en état de lutter avantageusement contre la concurrence allemande. Cette industrialisation
de la fabrication du meuble ne fait courir aucun dan-

ger à l'ébénisterie d'art, car l'une et l'autre répondent à des besoins différents.

Tandis que les diverses machines de l'atelier sont conduites par des manœuvres spécialisés, les simples manœuvres transportent les pièces de bois des camions aux machines et d'un atelier à un autre, aux plaqueurs, aux monteurs, aux vernisseurs, ou bien à l'étage, ou encore au magasin dans le sous-sol. Je fais avec eux de la manutention. Mais, toutes les fois que Durand, au lieu de travailler à la « toupie », comme ils disent en parlant des toupilleuses, met en marche sa grosse raboteuse, alors, humble servant, je reçois les pièces de bois qu'elle rejette, polies, luisantes, lustrées, satinées : peuplier, bouleau, hêtre, de belle nuance claire, acajou de couleur sa guine ou rose. Je les entasse sur le sol par piles distinctes avant de les reprendre pour les porter, chargées sur mon épaule, aux ouvriers de la galerie ou du placage, ou pour les descendre au magasin pendant que le hall continue de s'emplir du fracas des raboteuses, de la plainte des dégauchisseuses, du murmure des toupilleuses et des scies. La brutalité du ronflement des machines à raboter est telle qu'il est malaisé, près d'elles, de s'entendre parler ; leurs conducteurs doivent commander par gestes les servants. Le vieux Gautier, à quelques pas de moi, est fort attentif à remplir sa tâche. Malgré le vacarme des appareils, il me crie, de temps ' autre, à l'oreille, les réflexions qiu lui passent par la tête : « Il ne faut jamais courir », me dit-il lorsqu'il me voit me hâter. S'il lui arrive de rester cinq minutes à ne rien faire : « Que

le temps est long quand on ne travaille pas ! »
s'exclame-t-il. Il éprouve pour la fabrique une
grande admiration : « Ah ! elle marche bien ! Ce
qu'elle en produit, du meuble ! Ah ! elle en vend !
Jusqu'à deux et trois cents chambres à coucher par
semaine... des chambres en bois des Iles plaqué, qui
se vendent de seize cents à deux mille francs... et
tout ça vendu en France. Il y a une société de
secours mutuels entre les ouvriers de la maison,
ajoute-t-il. C'est une bonne affaire. On est libre de
s'en mettre ou de ne pas s'en mettre. Mais la moitié
des ouvriers en font partie. Songez si c'est avanta-
geux : celui qui tombe malade reçoit dix francs par
jour, sans compter le médecin et les médicaments.
Ça en vaut la peine... Au lieu d'aller crever à l'hôpital... Ah ! dame ! Et la société a une belle somme en
caisse !... En plus des dix francs pour le malade, elle
ajoute un franc par enfant, et le patron, lui aussi,
met encore un franc de sa poche ! Ah !... » C'est le
patron qui a organisé cette mutualité. Il estime
qu'avec la journée de travail réduite mais organisée
de façon à ce qu'aucune parcelle de temps ne soit
perdue, la production est plus abondante qu'avec
l'ancienne longue journée de travail, accompagnée
de gaspillage de temps. Il a également constaté que
la journée réduite cesse d'être épuisante et, par là,
de pousser l'ouvrier à boire, de l'entraîner à con-
tracter des habitudes d'intempérance. Il n'a pas un
seul ivrogne dans tout son personnel ; il y compte
même quelques ivrognes d'avant-guerre, aujour-
d'hui guéris. Il est convaincu que « la société » —

il faut dire : la société *professionnelle*, le métier organisé et non pas l'Etat — devrait assurer à l'ouvrier un minimum de vie décente, lui garantir la sécurité du lendemain et la paix des vieux jours ; qu'ainsi les causes de mécontentement disparaîtraient et que toute révolution deviendrait impossible. Ancien ouvrier devenu patron, il ne croit pas, même dans les conditions présentes, à l'éventualité d'une révolution ; sa brillante réussite personnelle l'incline à un optimisme excessif, illusoire et dangereux.

Beaucoup parmi ses ouvriers emploient leurs économies à l'achat d'un terrain pour y bâtir leur maison. Ses deux cents ouvriers sont payés, les manœuvres, de deux francs vingt à trois francs l'heure, les spécialistes de trois francs cinquante à cinq francs cinquante l'heure avec parfois une prime. Ils font quarante-huit heures de travail hebdomadaire ; leur gain s'élève donc, en moyenne, pour huit heures, à dix-neuf francs vingt pour les manœuvres et à trente-six francs pour les ouvriers de métier, soit à un taux plus élevé que le taux courant auquel sont payés les métallurgistes. La paie a lieu par quinzaine, le mardi, avec avances chaque semaine. Le contre-maître remet à chaque ouvrier sa carte de pointage où est inscrit le total des heures faites et des sommes dues. Un peu plus tard, un employé passe dans l'atelier pour remettre à chacun l'argent qui lui revient. Ce système est très pratique parce que très simple. L'ouvrier qui quitte la maison doit prévenir une heure avant de partir ; le patron qui renvoie un

homme peut agir de même, aux termes du contrat
intervenu entre eux. l'intéressé passe au bureau avec
sa carte de pointage, visée pour départ par le contre-
maître, et il reçoit, séance tenante, argent et certi-
ficat. En raison de la pratique de la semaine anglaise,
le travail ne dure que quatre heures le samedi matin,
huit heures le lundi et neuf heures les quatre autres
jours ; de sept heures à onze heures trente et de une
heure à cinq heures trente, soit deux séances de quatre heures et demie chacune ; la journée de travail
est coupée en deux parties égales. Les manœuvres
font une heure supplémentaire chaque soir pour net-
toyer les ateliers ; c'est une nécessité imposée par
les conditions professionnelles elles-mêmes.

Si, par hasard, Gautier reste inoccupé pendant
quelques instants, il commence aussitôt avec moi
un brin de causette. Mais qu'Achille l'appelle, il
n'achève même pas la phrase commencée, il est déjà
à son poste, derrière le plateau de la raboteuse. Me
montrant d'un geste, dans un moment de répit, la
machine à sculpter : « Hein ? si c'est épatant !... Les
Allemands qui ont inventé ça !... Ah ! les Prussiens,
ça a quelque chose là » — et il se frappe, de l'in-
dex, le front — « quand il s'agit de mécanique et
de chimie. Ainsi... voyez donc... ces gros canons de
la guerre, c'est pas les Français qui en auraient fabriqué autant... » Ayant ainsi et bien à tort, mais par
pure ignorance, dénigré ses compatriotes, il reprend,
rendant enfin justice à leurs éternels ennemis : « Les
Allemands, ils ont aussi le génie du vol. A Roubaix,
moi j'suis de Lille, il y a vingt-cinq ans que j'habite

Paris, mais enfin j'suis de Lille... eh bien ! j'ai un oncle à Roubaix, qui y a vu la guerre : il m'a écrit que les Allemands, quand ils y sont venus, ont volé pour deux millions et demi de laines qu'ils ont envoyées en Allemagne !... Et les plus gros arbres, ils les ont sciés et les ont envoyés en Allemagne !... Enfin... si les Belges ne les avaient pas arrêtés... ils auraient envahi toute la France et, à l'heure qu'il est, nous serions tous Allemands !... C'est au roi de Belgique que nous devons d'avoir eu le temps d'organiser la résistance. Aussi, maintenant, les Belges qui viennent en France sont bien vus... » Une autre fois, jetant un regard circulaire sur les machines : « Si les morts d'il y a cent ans revenaient, ils n'y comprendraient rien ! Ces machines-outils ! Et l'électricité ! Et le téléphone ! On parle à Londres. on entend à Paris ; partout on peut écouter ce qui se chante à l'Opéra ! Et les chemins de fer, les automobiles, les avions ! Dire qu'on vient de Lille à Paris en trois heures ! Dans mon enfance, les wagons, c'étaient des baladeuses de tramways ! Et aujourd'hui, les express, faut voir ces voitures confortables !... » Il me désigne les petits tas qu'il a préparés avec les pièces de bois raboté : sur chacun, il a mis une planche en travers de l'autre, en forme de croix : « Le cimetière de Pantin ! » fait-il en pouffant de rire. Ou encore : « J'ai soixante-huit ans. Je me suis marié à vingt ans. Ma femme et moi, nous nous sommes mariés le même jour. » Et il rit, ravi de sa plaisanterie. La moitié de ses enfants sont morts à la guerre. Il lit *Le Matin*. Parlant des Alle-

mands : « Rien à faire contre eux, affirme-t-il. Ils
sont deux fois plus nombreux que nous. Il en arrive...
quand ils se battent... c'est comme des punaises... »
Et un autre jour : « Savez-vous quel est le plus grand
malheur pour un homme ? C'est de naître riche et
de mourir pauvre !... » Puis, redescendant à des con-
sidérations d'ordre matériel, plus modestes : « Tenez !
cette planche... là... dans le passage... Il n'y en a
pas un qui l'enlèvera ! Elle gêne tous ceux qui passent. Ils continueront d'en être gênés, mais pas un
ne se baissera pour l'ôter... » Alors, il se baisse et
la range sur le côté du passage qui redevient libre.

Les deux dégauchisseurs qui travaillent en face de
moi, au delà des raboteuses, sont des hommes âgés
d'une quarantaine d'années, des hommes de métier,
silencieux, appliqués, qui, du même geste, sans cesse,
poussent les pièces de bois sur la table d'acier luisant. Parfois, me voyant inoccupé pour quelques instants, ils me demandent, d'un ton courtois, à les
aider à empiler le bois qui a passé sur leur machine.
Un après-midi, en me rendant à la fabrique, je rencontre l'un d'eux ; il se joint à moi, d'un air aimable,
et nous faisons route ensemble. Il m'apprend que son
frère est propriétaire d'une maison dans une petite
ville de province et que lui-même en possède une
autre où il compte s'installer lorsqu'il aura pu prendre la place de sa locataire. Il n'a pu jusqu'ici s'en
débarrasser ; il plaide contre elle, à cette heure ; il
se plaint, comme propriétaire, des entraves légales
dont par ailleurs, comme locataire, il se réclame.
« Ceux qui viennent de province à Paris, me dit-il, ne

connaissent pas le bonheur qu'ils abandonnent. Il fait cher vivre à Paris. Quand on a du travail, passe encore ! Mais on n'en a pas toujours et alors la vie devient bien dure : le loyer marche toujours, il faut manger... » Il apprécie vivement le loisir que le chômage de l'après-midi du samedi lui procure : « C'est bien utile, l'été surtout, car on a toujours à bricoler chez soi et c'est le seul moment où il est possible de le faire. »

Une dizaine de manœuvres, Français, Italiens, Algériens, établissent la liaison entre les différents ateliers. Un des Italiens — visage au teint pâle avec taches de rousseur — est sans doute Piémontais ; ce Gaulois de la Cisalpine pourrait tout aussi bien être de la Transalpine. Un autre, avec son grand nez aquilin et son teint très basané, passerait sans peine pour un Africain du Nord, métissé d'Arabe. Un troisième pourrait être pris pour un indigène d'Algérie. Des manœuvres algériens, l'un présente un profil grec avec la forte bouche des races d'Afrique, et le visage des autres révèle un sang aussi mêlé de races diverses que le *sabir* peut l'être des dialectes circum-méditerranéens. Trois Français, âgés d'une quarantaine d'années, vifs et bien musclés, et moi, nous complétons l'équipe. Les Français sont pleins d'entrain, actifs et débrouillards ; les Italiens, appliqués à leur tâche, disciplinés, laborieux, endurants, silencieux ; les Algériens, nonchalants. Dans cette fabrique active, à production abondante, une intense manutention doit pourvoir aux besoins des différents ateliers entre lesquels est réparti le travail : il faut décharger les voitures qui apportent du bois brut ou du bois déjà en partie façonné, transporter ce bois aux diverses machines, en emporter les pièces qu'elles ont transformées, les porter à d'autres machines ou bien aux réserves du magasin, pièces de toute sorte, de tout poids, de toute dimension, de toute forme, lames, feuilles, plaques, planches, rondes, plates, carrées. Au cours de la matinée, un appel : « La voiture ! » Notre chef d'équipe nous recrute dans tous les coins et nous dirige sur le camion-automobile qui vient de se ranger le long du trottoir, tout débordant de planches de sapin longues de quatre à cinq mètres ; chacun de nous en prend trois, quatre, cinq, sur son épaule et les transporte dans l'atelier, où elles s'entassent près de la scie à ruban. L'un de nous présente chaque planche à l'homme chargé de la scie, qui les coupe en fragments d'une longueur déterminée. Un autre manœuvre empile ces morceaux de bois près d'une dégauchisseuse qui en aplanit les tranches. La scie à ruban reprend alors ces fragments de planches : le scieur les place côte à côte sur le plateau de la machine, de façon qu'elles occupent une certaine largeur ; l'excédent est coupé longitudinalement ; les morceaux ainsi obtenus reçoivent un numéro commun, écrit au crayon sur chacun d'eux ; deux traits en forme de V, tracés sur l'assemblage des planches, marquent la place de chacune d'elles. Un manœuvre les dépose à terre dans l'ordre ainsi défini et les entasse avec soin. Lorsque la pile atteint une certaine hauteur, deux hommes la transportent, en plusieurs voyages, à l'atelier de collage où, devenus adhérents, tous les morceaux affectés d'un même V et d'un même numéro forment un panneau ou tablette. Les tablettes ainsi obtenues sont portées à la raboteuse et rabotées successivement sur chacune de leurs faces ; chaque face doit passer le plus souvent deux et parfois même trois ou quatre fois à la machine. Cette opération terminée, je charge les tablettes sur mon épaule pour les porter à l'atelier de placage, où, enduites de colle, revêtues de feuilles de bois des Iles, elles sont placées sous presse, entre des lames de zinc fortement comprimées, jusqu'à ce que la colle soit sèche. Les tablettes plaquées passent alors à la planeuse et sont ensuite confiées aux vernisseurs et aux monteurs. Il m'arrive de passer presque toute une journée à recevoir les planches ou les tablettes que rejette la raboteuse : Durand les présente silencieusement à la machine qui les happe et me les rend de l'autre côté ; je les entasse sur le sol. A peine la machine s'arrête-t-elle que le chef d'équipe, dont la vivacité et la vigilance ne sont jamais en défaut, surgit près de moi : « A la plaque ! » commande-t-il d'un ton bref ; c'est-à-dire à l'atelier de placage ; ou bien : « A la cave ! » c'est-à-dire au magasin ; ou encore : « En haut ! » où sont installés les monteurs, les établis pour le rabotage à la main, et diverses machines : dégauchisseuses, ponceuses, mortaiseuses. Et je charge directement sur mon épaule, ou après les avoir entassés dans une manne d'osier, panneaux, tablettes, frontons, lames ou billes de bois plates, rondes, carrées, longues, courtes, lourdes, légères, blanches, roses. A « la plaque », où travaillent deux ouvrières, leur voisin entonne, en scandant les syllabes, la chanson du jour :

> « *Elle s'é-tait fait cou-per les ch'veux.*
> « *C'é-tait u-ne fil-le bien gen-till'... »*

Des piles de bois de toutes dimensions coupent les perspectives des ateliers qu'ils emplissent de reflets doux aux yeux. Dans certains coins, la bonne odeur du bois de France s'épand ; ailleurs, le parfum des bois exotiques. Je passe près d'une planeuse : des panneaux plaqués qu'on lui confie, elle tire de minces pelures de bois des Iles qui s'échappent en longs et larges rubans satinés et moirés ; sur le sol où ils s'entassent, ils luisent et chatoient comme des étoffes somptueuses. Une pile de bois sur l'épaule, je demande à un toupilleur par quel escalier je dois monter : « Comme il vous plaira, me répond-il, les deux escaliers sont aussi *bonnes l'une* que l'autre. » Malgré les meurtrissures des bras et des épaules, la douleur sourde qui les engourdit, il faut continuer, pendant des heures, à porter des piles de bois. Le soir, on se sent comme brisé. Cette fatigue, qu'éprouvent même les manœuvres de métier, assouplis à de tels travaux, est autrement pénible pour celui que les circonstances contraignent à accepter de pareilles tâches : ouvrier de métier, par exemple, atteint par le chômage, employé sans place, bourgeois ruiné, et ces Russes en exil, chassés par une Révolution effroyable, et qui, même parfois anciens hauts fonctionnaires, généraux ou professeurs d'Université, en sont réduits dans leur détresse à fournir de la main-d'œuvre à notre industrie !

Aussi est-ce pour moi un repos de servir la raboteuse, quelque déplaisants que soient l'air maussade, hargneux, brutal, du conducteur, ses gestes
violents, ses regards furieux, lorsque le travail ne va
pas à sa guise. Ou bien il m'est arrivé de passer une
partie de la journée à recevoir les pièces découpées
par la scie à ruban : l'homme qui la conduit, âgé
d'une trentaine d'années, est un ouvrier fort adroit
qui abat la besogne à toute vitesse, son attention
concentrée sur sa tâche, sans jamais perdre une
seconde ; les pièces de toute forme et de toute dimension, défilent sur le plateau de sa machine avec une
étonnante promptitude ; je suffis tout juste à recueillir tout ce que débite le ruban dentelé auquel il présente le bois sans relâche. D'un geste prompt et sûr,
il coupe en diagonale dans toute leur longueur des
baguettes carrées qu'il rend ainsi triangulaires ; puis
il les présente transversalement par faisceaux aux
menues dents d'acier qui rejettent des paquets de
petites cales propres à fixer les glaces dans le cadre
des portes d'armoires. Quand une « manne » en est
remplie, je la charge sur l'épaule et m'en vais la
vider à l'atelier de montage où les armoires, presque
achevées, alignent leurs beaux panneaux de bois des
Iles vernis, que caressent les reflets du jour.

Partout dans les ateliers le travail se poursuit sans
arrêt, en toute rapidité — condition essentielle de la
production en série, surtout avec la durée réduite de
la journée de travail. Pas une minute n'est perdue

depuis l'instant où le coup de sifflet, à l'heure exacte de la mise en train, a retenti... Dix ou quinze minutes avant l'heure de la reprise du travail, les ouvriers attendent par petits groupes, sur le trottoir : l'un lit *Le Journal*, un autre *Le Petit Parisien*, un autre *Le Quotidien* ; les jeunes, le *Journal des Sports* ; quelques-uns échangent quelques paroles ; la plupart restent silencieux, le regard vague, ou s'amusent du mouvement de la rue. Ils sont très simplement vêtus, sans aucune recherche ; plusieurs portent un pantalon de velours. Beaucoup, surtout parmi les jeunes, sont complètement rasés. Certains se munissent d'une chopine ou d'un demi-setier, qu'ils consomment au cours du travail. Le lundi matin, personne ne manque. Arrivé même une demi-heure avant l'heure, un lundi matin, je trouve, déjà rendu à la porte, attendant sur le bord du trottoir, mon jeune raboteur ; je l'invite à prendre un café avec moi au bar voisin ; il accepte ; mais, toujours aussi morne et taciturne, il ne se laisse arracher que de rares paroles ; il me dit qu'il est allé voir, la veille, à l'Eden, « *Fleur de trottoir* » (1) ; il ajoute qu'actuellement les petits fabricants et les façonniers vendent difficilement leurs meubles ; seule, la fabrication industrielle en série continue de bien marcher, tout en accusant un léger ralentissement ; c'est un des symptômes du début de la crise économique géné-

(1) Cette pièce malpropre était déjà promenée, l'an passé, de théâtre de quartier en théâtre de quartier. Elle continue de tenir l'affiche et de salir les imaginations. — Voir *De la Popinqu' à Ménilmuch'*, p. 154.

rale que les gens bien informés prévoient pour la fin de 1924 et pour l'année 1925. Au cours des cinq minutes qui précèdent l'heure, tous les ouvriers rentrent, pointent leur fiche et vont revêtir leurs effets de travail : vieux vêtements, salopette bleue, combinaison de couleur cachou, ou simplement un pantalon usagé et alors ils restent en manches de chemise. Pendant ces quelques minutes, c'est un échange de plaisanteries qui feraient rougir un corps de garde. Plusieurs, parmi les simples manœuvres et même les manœuvres spécialisés sur machine, appartiennent à un milieu inférieur ; le tutoiement d'emblée est assez habituel entre eux, comme il arrive dans les métiers où des ouvriers peu sélectionnés ont accès ; au début ou à la fin des séances, ils entrent ou sortent en n'échangeant qu'un très bref bonjour ou même sans se saluer. Beaucoup accusent dans leurs manières une certaine rudesse de natures un peu frustes. Quelques-uns sont assez brusques et même portés à la brutalité ; un jour, une violente dispute éclate, pour un motif futile, entre deux menuisiers d'une trentaine d'années : l'un d'eux accable son compagnon des pires injures et menace même de le frapper ; tout l'atelier retentit pendant cinq minutes de cette scène violente, qui ne prend fin qu'à l'arrivée du contre-maître ; il sépare les deux adversaires, déjà nez à nez et sur le point d'en venir aux mains.

D'une façon générale, ils travaillent tous avec entrain, sans jamais se plaindre, ni de leur tâche, ni du commandement, ni des salaires. Les contre-maîtres sont compétents ; actifs et vigilants, ils savent éviter

d'importuner leurs hommes ; les affaires marchent
bien ; le travail est assuré aux ouvriers, autant qu'ils
en peuvent fournir, et les salaires sont convena-
bles (1). De là, l'état d'esprit satisfaisant qui règne
dans la maison. La pratique des congés annuels payés
contribue à entretenir cette bonne humeur : un très
grand nombre d'ouvriers peuvent maintenant prendre au cours de l'été de une à trois semaines de repos;
c'est un très grand progrès auquel les ouvriers sont
redevables de rentrer à l'atelier avec une provision de
santé physique et d'entrain dont tout le monde tire
profit. A la fabrique, un mortaiseur vient de rempla-
cer à une ponceuse un ouvrier parti en vacances. Un
jeune toupilleur, âgé de dix-huit à vingt ans, vient de
rentrer après huit jours de congé: un petit brun, aux
yeux noirs, au nez aquilin, maigre et agile comme un
chat ; il siffle ou chantonne tout en travaillant avec
un grand zèle à alimenter sa « toupie » qui tourne a
une vitesse vertigineuse, entraînant dans sa rotation
folle l'outil dont il reste à peine une trace fantômale,
difficilement discernable même pour un œil attentif ;
quand Lucien a terminé une série de pièces que l'outil, suivant sa forme, a creusées d'une rainure ou
d'une moulure, de profondeur et de profil variables,
il bat des entrechats joyeux et joue des airs mysté-

(1) Les patrons laissent, en cette année 1924, les ouvriers
aux pièces produire autant qu'ils le peuvent, sans réduire
le prix auquel les pièces leur sont payées. Il en résulte,
par exemple, que les ouvriers métallurgistes, à Puteaux,
gagnent quatre francs cinquante par heure, au lieu de trois
francs cinquante à trois francs soixante-quinze en 1922.

rieux sur une mandoline imaginaire qu'un morceau de bois figure.

Mais rien ne marque mieux le bon esprit qui règne à l'atelier que cette réflexion de Durand le grognon, un jour qu'il travaillait à une toupilleuse ; d'une main, je lui passais une lame de bois ; de l'autre je recueillais celle dont la rainure venait d'être creusée ; et, progressivement, j'activais le mouvement, pensant qu'il recevait une prime à la production ; il se laissait entraîner et peu à peu accélérait l'allure ; au bout de quelque temps, il s'arrête, fatigué ; la main dont il pressait le bois lui faisait mal. « Vous toucherez une prime, à continuer à ce train-là ? — Mais non. — Si j'avais su, je ne vous aurais pas poussé comme je viens de le faire. — Oh ! ça ne fait rien, réplique-t-il, il faut aller vite pour déblayer la place, car il y a beaucoup d'ouvrage aujourd'hui ! » J'ai bien rarement surpris une réflexion de ce genre : ce jeune homme ne se préoccupait pas, pour donner ce surcroît d'effort, d'en tirer un avantage personnel, mais surtout d'assurer la bonne marche générale de l'entreprise en évitant un embouteillage au point particulier qui se trouvait sous sa dépendance.

Malgré cette prospérité, cette tranquillité, cette bonne entente, j'ai pu surprendre quelques rares et légers indices de l'état d'esprit révolutionnaire que les événements politiques tendent à réveiller. Un jour que, ployant sous un fardeau, je traverse un atelier, j'entends quelques bribes d'une conversation : « Oui, ils ont tiré sur une femme et des enfants !... Ah ! ce Mussolini !... Pour revoir leurs vieux sans se faire prendre, les Italiens sont obligés d'aller dans la montagne. . » Il s'agit de quelque soi-disant crime fasciste et de deux communistes persécutés par les « terroristes » mussoliniens. Une autre fois, un ouvrier, me voyant porter au magasin diverses pièces accompagnées de leurs « bons de fabrication », les uns blancs, les autres rouges, s'écrie : « C'est-il assez militaire, cette paperasserie !... » (Toujours le préjugé ouvrier contre les bureaux et l'ignorance des conditions de vie d'une entreprise, préjugé et ignorance qui, s'ils inspiraient la gestion de l'entreprise, la conduiraient tout de suite à la ruine). Et, clignant de l'œil vers le contre-maître, il poursuit : « Ils... » (ceux qui commandent) « sont les bons blancs et, nous autres, nous sommes les bons rouges. » Enfin, en me rendant à la fabrique, je rencontre un des ouvriers sur machine. Il lit *L'Œuvre*. « Maintenant, me dit-il, l'heure supplémentaire est payée le même prix que les autres heures. Le Syndicat l'avait maintenue à un taux supérieur. Mais il n'existe plus aujourd'hui... C'est la politique qui l'a perdu. Au Syndicat, ils ont voulu faire de la politique ; il s'y trouvait des gens à vendre... Jouhaux a été acheté... Il ne doit plus y avoir grand monde à la C. G. T., maintenant qu'elle est gouvernementale. Jouhaux est un officiel... » Un Syndicat gouvernemental est tenu pour réactionnaire et presque aussi suspect qu'un Syndicat patronal ; l'ouvrier fidèle à l'idée syndicaliste cesse alors d'être cégétiste pour devenir unitaire, s'imaginant que cette nouvelle organisation est vraiment indépendante et que ses chefs ne sont ni à vendre ni achetés ; s'il ne retombe pas à son individualisme désastreux, il verse dans le Syndicat révolutionnaire sans voir que ce syndicat fait, lui aussi, de la politique et de la politique mortelle. Le Syndicat vraiment indépendant doit être purement professionnel et, par conséquent, non seulement détaché de tout principe subversif de la société, mais attaché, au contraire, aux principes humains et chrétiens essentiels sans lesquels nulle civilisation supérieure n'est possible.

Mais, sous la même pression des événements politiques, l'esprit anti-chrétien ne se réveille-t-il pas, lui aussi ? Un jour, sur une porte des cabinets, une grande croix a été tracée avec de la peinture blanche. Est-ce dans une intention injurieuse ? Nulle autre explication n'apparaît. Toutes les forces de l'Etat tendent à exalter le fanatisme libre-penseur. La reprise en main des ouvriers par le radicalisme, œuvre du *Quotidien* et fruit des élections générales et du ministère Herriot, est un fait accompli. Par là, tente de s'opérer la dérivation de la poussée révolutionnaire au profit du radicalisme bourgeois, maçonnique et libre-penseur, pour assurer une fois de plus le règne de ce parti qui s'imagine pouvoir toujours jouer impunément avec le feu de la Révolution. Mais la Révolution est impatiente de triompher : l'*Humanité* déclare que le parti communiste ne se prêtera pas à ce nouvel escamotage de son programme, qu'il entend liquider d'abord la société bourgeoise et que, cela fait, il se charge de résoudre la question cléricale par ses propres moyens, définitivement.

LOGIS ET RESTAURANTS

Il m'a fallu battre le quartier de Charonne pendant tout l'après-midi avant d'y découvrir une chambre à louer. Après avoir exploré tous les hôtels meublés, j'ai fini par trouver une chambre avec un grand lit pour deux personnes, du prix de trente-cinq francs par semaine, que le logeur a consenti, après discussion, à me laisser pour trente-deux francs parce que j'étais seul. La maison est de construction ancienne ; un débit occupe le rez-de-chaussée. La chambre se trouve au troisième étage, sur la rue : elle est fort claire et très bien aérée ; elle mesure quatre mètres de profondeur sur deux mètres cinquante de largeur. Le sol est garni de carreaux rouges ; le mur tendu de papier neuf. Un grand lit de bois, un miroir, une table de nuit, une commode, une petite table, une très petite toilette avec une seule serviette, deux chaises au siège de bois, une planchette fixée au mur et trois patères la meublent. L'électricité l'éclaire. La chambre et toute la maison sont tenues avec un soin méticuleux, mais il n'y a, pour tout l'hôtel, qu'un unique *water*, dans l'escalier, et dont la chasse d'eau ne fonctionne pas. Le garni a une entrée distincte de celle du débit. Il m'a paru généralement bien fréquenté ; le débit est fort tranquille. Un dimanche soir, je rentre vers dix heures : dans la salle de consommation, deux femmes à cheveux blancs et trois hommes d'une quarantaine d'années étaient attablés autour d'un litre de vin rouge. L'un de ceux-ci chantait, avec des trémolos dans la voix, une romance patriotique et sentimentale, où il était question de « la légion », de faits d'armes héroïques et de l'amour de la France. Tous les autres soirs, la petite salle est vide, ou bien un ou deux voisins prennent, en s'entretenant avec le patron, une consommation. Dans l'hôtel, je n'entends jamais de bruit : le matin, des pas rapides traversent le palier, descendent l'escalier et, le soir, l'escaladent. Parfois, après dîner, un murmure de voix se perçoit à travers une porte. Rarement, je rencontre un locataire ; les habitants de la même maison, du même étage, s'entrevoient par exception et ne se connaissent pas. Au bout de huit jours, j'ai fini, par hasard, par apercevoir quelques voisins : de la chambre voisine, sortait un très jeune faux ménage ; dans la chambre suivante, entraient un Italien et une femme ; dans l'autre chambre voisine, demeure un célibataire dont je ne connais que le pas pour l'entendre résonner lorsqu'il rentre, le soir, toujours de bonne heure, et lorsque le matin, toujours de bonne heure, il sort. Une nuit cependant, du dimanche au lundi, à une heure du matin, j'ai été brusquement tiré de mon sommeil par le retour bruyant de plusieurs locataires habitant mon étage, parmi lesquels mon voisin inconnu : à peine chez lui, il a dû renverser quelque meuble, car il s'y est produit soudain un grand fracas ; puis, tout est retombé dans un profond silence.

Ce réveil m'a laissé percevoir sur le front et les joues un chatouillement léger, que je connais bien. Je me suis levé aussitôt et, le commutateur tourné, j'ai vu cinq punaises en fuite sur mon oreiller. La première nuit, j'en avais tué une vingtaine. Chaque nuit, je dois recevoir quelques visites de ce genre ; mais je suis tellement brisé de fatigue que mon sommeil n'en est pas d'ordinaire interrompu ; et puis, la fraîcheur exceptionnelle de ces jours d'été explique sans doute que je n'en sois pas autrement tourmenté ; la quantité de parasites affamés en est sans aucun doute diminuée dans une grande proportion. Mais, parfois, un brusque réveil me livre l'ennemi : une nuit, vers une heure du matin, je tue quatre grosses punaises ; une autre nuit, vers trois heures, une seule; une seule encore, une autre nuit, à la même heure. La température anormalement basse me délivre sûrement de trop nombreuses troupes d'assaillantes ; la fatigue fait le reste ; je chavire dans un sommeil profond et je ne sens plus mes ennemies. Mais il m'arrive, en me levant à six heures, le matin, d'en surprendre qui se sont attardées : une fois, une petite, près de mon oreiller ; une autre fois, deux grosses qui, sur le mur, au fond de mon lit, remontent pesamment jusqu'à leur trou, gorgées de mon sang.

La nourriture est chère dans ce lointain faubourg.

Rue de Bagnolet, dans un très petit et très modeste restaurant ouvrier, où les repas se prennent à la carte, le vin rouge coûte 55 centimes le quart de litre ; une soupe, 5o centimes ; un hors-d'œuvre, 7o centimes ; une portion de viande, entre 1 franc 5o (bœuf garni) et 2 francs (gigot aux soissons) ; un légume, 6o ou 7o centimes ; un fromage ou dessert, 7o ou 75 centimes ; à quoi il faut ajouter le prix du pain et le pourboire. Un repas modeste revient ainsi à cinq francs. Je me contente d'un quart de vin et d'un morceau de pain, d'une sardine à l'huile et d'un riz au gras : et en voilà, avec 15 centimes de pourboire, pour 2 francs 35. Il est superflu de faire remarquer l'insuffisante valeur alimentaire d'un pareil menu.

Dans un petit débit-restaurant, extrêmement modeste, de la rue de la Réunion, où l'homme fait le service du comptoir et des tables pendant que la femme prépare les aliments et dont la clientèle se compose d'une douzaine d'ouvriers vêtus fort pauvrement, voici le prix de mon frugal repas :

Un morceau de pain	0.3o
« Un quart » de vin	0.55
Omelette	1.6o
Haricots	0.6o
Fromage	0.7o
	3.75

Dans un autre restaurant de la rue de la Réunion, je fais un repas plus substantiel avec une dépense

moindre de dix centimes malgré le pourboire, mais
à la condition de supprimer le vin :

Deux morceaux de pain	o.50
Sardine à l'huile	o.60
Foie de veau, maître d'hôtel ···..	1.80
Suisse	o.60
Pourboire	o.15
	———
	3.65

Dans un troisième restaurant de la même rue, fréquenté par une vingtaine d'ouvriers, dont un lecteur
de *La Presse*, deux du *Petit Parisien*, et par deux
employés, dont un lecteur du *Quotidien* et du *Canard
enchaîné*, je fais un repas complet pour quatre francs
trente-cinq :

Deux morceaux de pain	o.35
« Un quart » de vin	o.60
Sardine à l'huile	o.60
Rosbif cresson	1.90
Riz	o.70
Pourboire	o.20
	———
	4.35

Dans un modeste restaurant de la rue de Buzenval,
dont les tables peuvent recevoir trente clients et qui
est presque plein d'ouvriers auxquels se joignent
deux employés de commerce et deux filles fardées qui
prennent leur apéritif avant de partir pour les quartiers du centre, je demande :

Un morceau de pain	o.20
« Un quart » de vin	o.60

Soupe 0.40
Côte de mouton 1.80
Fromage 0.60
Pourboire 0.20

3.80

Un des dîneurs lit *Le Matin*, un autre *Le Petit Parisien*, un autre *L'Œuvre*.

Les repas les plus économiques se prennent au « Restaurant des Coopérateurs », rue d'Avron. Ils coûtent trois francs vingt-cinq : hors-d'œuvre ou potage, un quart de vin rouge, pain à volonté, viande, légumes, fromage ou dessert. Mais la plupart des portions sont affectées d'un supplément de dix ou vingt centimes et elles sont toutes fort petites et trop souvent médiocrement préparées. L'affluence des clients y est, du reste, en raison du prix, considérable. Un ouvrier, de vingt-trois à vingt-cinq ans, lit *L'Humanité* ; un autre, du même âge, *Le Quotidien*.

Dans un restaurant de la rue d'Avron et deux de la rue de Buzenval, je ne trouve, le vendredi, ni œufs, ni poisson, mais, parfois, les autres jours.

Dans tout le quartier, les consommateurs prennent plus souvent, à leur repas, une chopine qu' « un quart ».

La collation du matin, à l'heure où les travailleurs se rendent aux fabriques, se réduit pour la plupart à un café ou un verre de vin pris devant le comptoir. Dans un bar de la rue d'Avron, de nombreux clients prennent pour soixante-dix centimes un café au lait avec un croissant.

En résumé, un travailleur d'appétit moyen ne peut dépenser moins de quatre à cinq francs par repas, s'il ne fréquente le « Restaurant des Coopérateurs » où il peut réduire ses débours à trois francs cinquante ou quatre francs.

Au cœur du quartier, dans une impasse ouvrant sur la rue de la Réunion, se trouve un établissement de bains-douches. Le samedi soir, vers cinq heures, les clients y affluent. Une douzaine de personnes attendent, dans le couloir, qu'une place devienne libre. Près de moi, deux jeunes gens parlent avec animation d'épreuves sportives auxquelles l'un d'eux a pris part. La douche, seule, coûte un franc vingt-cinq ; avec savon et serviette, un franc quatre-vingts. Pour éviter la disparition du linge, la Direction exige de celui qui demande une serviette qu'il consigne cinq francs.

Le blanchissage est assez coûteux. Il faut compter sur une dépense minimum de trois francs trente :

Une chemise	1 »
Un gilet de flanelle	0.90
Un caleçon	1 »
Une paire de chaussettes	0.25
Un mouchoir	0.15
	————
	3.30

Rue des Haies, rue fort pauvre de ce pauvre quartier, le coiffeur applique le tarif général : trois francs pour une coupe de cheveux.

Les chaussures d'un usage courant, offertes aux étalages, coûtent entre quarante et quatre-vingts

francs ; les casquettes, entre douze et vingt francs ;
les chemises les plus modestes, entre vingt et vingt-
cinq francs. Un petit tailleur, rue de la Réunion, fait
payer un costume sur mesure de deux cent quatre-
vingt-cinq francs à trois cent cinquante francs ; un
autre, dont la boutique a meilleure apparence, de
deux cent quatre-vingt-cinq à quatre cent vingt-cinq.

LE QUARTIER :
PHYSIONOMIE MATÉRIELLE ET MORALE

La rue de la Réunion va de la rue d'Avron à la rue de Bagnolet. La place de la Réunion, toute ronde et occupée par un petit square, la coupe en deux 'ronçons inégaux dont le plus petit s'allonge entre deux rangées de boutiques qui expriment d'une façon saisissante les besoins populaires :

COTÉ PAIR du N° 74 (inclus) au N° 100 (inclus)	COTÉ IMPAIR du N° 75 (inclus) au N° 113 (inclus)
Hôtel-débit	Bar
Boucherie	Débit-Restaurant
Mercerie	Epicerie
Hôtel-débit	Cordonnier
Vêtements de confection	Epicerie et légumes
Boucherie	Débit
Débit	Vêtements de confection
Brosserie-couleurs	Débit, bois et charbon
Pharmacie	Epicerie
	Débit-Restaurant

<table>
<tr><td>

COTÉ PAIR
du N° 74 (inclus)
au N° 100 (inclus)
—

Bar
Débit
Débit et vente de vins
  et liqueurs
Hôtel
Vente de vins et liqueurs
Epicerie
Hôtel
Cordonnier
Photographe
Tailleur
Débit-Restaurant
Débit-Comptoir.

</td><td>

COTÉ IMPAIR
du N° 75 (inclus)
au N° 113 (inclus)
—

Débit de vins
Hôtel
Vente de savons, vins et
  cafés
Boucherie
Epicerie et légumes
Charcuterie
Boucherie
Vente de vins en bouteille
Beurre, œufs et lait
Café-Comptoir
Boulanger-Pâtissier
Tailleur
Coiffeur
Coutellerie
Revendeur de toiles et
  chiffons
Teinturerie
Mercerie et journaux
Charcuterie
Beurre, œufs et fromages
Légumes
Hôtel-Débit.

</td></tr>
</table>

Tous ces petits commerces peuvent être groupés, suivant leur objet, de la façon suivante :

Logement : 6 hôtels meublés.

Boisson : 19 établissements dont .... } 15 débits, 4 marchands de vin en bouteille.

Nourriture : 21 dont
- 1 boulanger
- 4 bouchers
- 2 charcutiers
- 6 épiciers
- 3 marchands de légumes
- 3 restaurants
- 2 marchands de beurre, œufs, lait et fromage.

Vêtement : 8 dont
- 2 merciers
- 4 marchands de vêtements de confection
- 1 tailleur
- 1 cordonnier.

- 1 marchand de bois et charbon
- 1 brosserie couleurs
- 1 pharmacien
- 1 photographe
- 1 coutelier
- 1 coiffeur
- 1 marchand de chiffons.

C'est le service de la bouche qui mobilise le plus grand nombre de servants. La nourriture est la première des préoccupations populaires. Le grand nombre des débits s'explique par l'exiguité, la pauvreté, la tristesse de la plupart des logements et par l'instinct de sociabilité qui pousse les salariés à se réunir dans un local où ils trouvent lumière, mouvement, distraction, voisins avec qui faire un brin de causette en vidant un verre. Sur une cinquantaine d'immeubles, on compte six hôtels meublés, ce qui montre

la proportion élevée de la population flottante dans
un faubourg de grande ville. Huit boutiques sont
affectées au service de l'habillement. Logement,
nourriture, vêtement, ces besoins physiques causent
tous les soucis de la classe populaire, comme le travail quotidien, qui permet de faire face à ces besoins,
accapare toute son activité. Place Ronde, s'élèvent les
bâtiments de l'école publique. Au bout de la rue de
la Réunion, se dressent les pentes du cimetière du
Père-Lachaise. Voilà, pour le salarié moderne, les
deux extrémités de son horizon et voilà à travers
quelles inquiétudes corporelles se meut, de l'une à
l'autre, sa vie laïcisée. Le problème social n'est pas
seulement matériel, mais moral, et si notre temps
n'apporte à l'un de ces aspects de la question qu'une
solution très imparfaite, à l'autre il refuse de donner celle qui s'impose.

L'église paroissiale est restée celle du petit village
ancien de Charonne. La rue Saint-Blaise, dernier ves-
tige de cette modeste agglomération rurale, aligne ses
maisonnettes sombres, vieilles de un à trois siècles,
en face de la vénérable chapelle Saint-Germain qui,
construite au Moyen-Age pour un simple hameau,
doit aujourd'hui répondre aux exigences d'une
paroisse de soixante-dix mille âmes. Plantée à flanc
de coteau, au sommet de marches nombreuses, cette
ancienne église de campagne, humble et recueillie,
s'adosse à son petit cimetière que longe une rue
encore officiellement appelée « Chemin » : « Chemin
du parc de Charonne. » Du « Parc », il ne reste que
des terrains vagues, à vendre par lots. Dans les trois

minuscules nefs gothiques, on peut compter trois cents à trois cent cinquante places. A la messe de huit heures, un dimanche, assistent une cinquantaine de femmes, cinq hommes, trois jeunes gens et quatre garçonnets. A celle de neuf heures, une cinquantaine de jeunes filles, trente-cinq femmes, huit hommes, trois jeunes gens et huit garçonnets. A onze heures et quart, « messe des hommes », il y a environ deux cent cinquante assistants, dont une cinquantaine d'hommes. Sept messes sont célébrées : en supposant une moyenne de cent cinquante fidèles à chacune d'elles, cela fait au total moins de onze cents personnes qui assistent à l'office du dimanche.

La paroisse est, il est vrai, pourvue de trois chapelles de secours : celles du Père-Lachaise et des patronages de la rue des Haies et de la rue Planchat.

La chapelle du cimetière du Père-Lachaise, que ne fréquentent pas nécessairement les seuls habitants du quartier, compte environ quatre-vingts places. Une seule messe y est célébrée. J'y compte, un dimanche, environ cinquante assistants, dont une douzaine d'hommes et de jeunes gens.

La chapelle de la rue des Haies est installée dans une vaste salle carrée, aux murs nus, pourvue d'environ trois cents chaises, et où sont célébrées deux messes. A celle de onze heures, je note la présence de quinze hommes et jeunes gens, soixante-dix femmes et fillettes, sept jeunes garçons. En supposant la même affluence à la première messe, cela ferait près de deux cents personnes.

Rue Planchat, la chapelle est installée dans une

salle rectangulaire, qui peut recevoir trois cent cinquante personnes et où se célèbrent trois messes. A sept heures, je compte cinquante femmes, quatre hommes à cheveux blancs, deux de vingt-cinq à trente ans, deux garçonnets. A huit heures et demie, environ cinquante femmes, trente hommes et jeunes gens, quatre-vingts enfants et adolescents. En supposant la même affluence à la dernière messe, nous arriverions à un total de près de quatre cents fidèles.

Le devoir d'assistance aux différentes messes dominicales serait donc observé à la paroisse et aux trois chapelles de secours par dix-sept cents personnes.

Toutefois, il convient de remarquer que ces chiffres ont été relevés au cours de l'été et qu'à cette époque de l'année beaucoup de familles ouvrières passent de une à trois semaines en province ; en outre, un très grand nombre d'enfants séjournent dans les colonies de vacances. Ces habitudes se sont très heureusement généralisées depuis la guerre. Aussi les offices sont-ils nécessairement moins fréquentés que pendant le reste de l'année (1). Ainsi, l'hiver, rue Planchat, la messe de huit heures trente réunit une cinquantaine d'hommes et deux cents à deux cent cinquante enfants. Dans tous les lieux du culte de Charonne, on est témoin d'un profond recueillement et d'une grande ferveur. Le souvenir de l'abbé Planchat, martyr des communards qui l'arrachèrent au patronage installé dans la rue qui porte aujourd'hui

(1) Cette réserve doit être faite également pour les chiffres donnés dans le précédent volume : *De la Popinqu' à Ménilmuch'*.

son nom et le fusillèrent, en haine de la foi, rue
Haxo, avec les autres otages, plane visiblement sur
l'assemblée des fidèles : la vive piété des enfants et
des jeunes gens qui y fréquentent témoigne de la
fermeté et de l'intelligence qui président à la direction de cette œuvre ; les prières liturgiques de la
messe sont récitées à haute voix, les cantiques chan-
tés par les assistants, les instructions écoutées avec
une attention surprenante même par les plus jeunes
enfants. De ces foyers de vie surnaturelle partent,
pour tout ce quartier lointain, des promesses de
résurrection.

La population de ce faubourg excentrique, composée d'étrangers et de provinciaux depuis peu de temps
jetés dans le grand creuset parisien, frappe par l'étendue et la profondeur de son ignorance ; les enfants
s'étonnent de tout et s'intéressent aux faits les plus
insignifiants, comme s'ils n'avaient jamais rien vu.
Ils ont l'esprit vif et curieux, ouvert, intelligent, et le
caractère indépendant des jeunes Parisiens, non leur
air blasé. L'ignorance religieuse jointe au désir profond de vie religieuse se traduit souvent par la démar-
che de jeunes gens qui viennent demander la bénédic-
tion nuptiale alors qu'ils ne sont pas baptisés et qui
s'étonnent d'apprendre que le baptême est nécessaire:
leur volonté est droite, leur bonne volonté parfaite ;
ils se croient chrétiens par le seul fait de leur naissance. Mais beaucoup plus grand reste le nombre de
ceux qui, touchés par les ravages positifs que l'école
laïque, la politique, la presse et l'ambiance générale
exercent de toutes parts, demeurent emmurés dans

une ignorance hostile. Les patronages catholiques et, par eux, la paroisse, agiraient efficacement sur le milieu social où ils plongent s'ils s'y reliaient directement par les Syndicats professionnels : il suffirait pour cela qu'au lieu de les ignorer ils leur fournissent annuellement le contingent d'adolescents qui quittent l'école pour l'atelier. Si les jeunes gens des patronages étaient dirigés sur les organisations professionnelles chrétiennes, celles-ci, alimentées automatiquement, deviendraient très vite numériquement fortes et très prospères. L'abstention que les directeurs de patronages paroissiaux observent trop généralement à cet égard a pour conséquence de laisser leurs jeunes gens glisser aux syndicats révolutionnaires et passer à l'ennemi, ou bien rester dans l'isolement individualiste, démunis de toute protection contre les menées socialistes et les risques de l'existence, et dépourvus de toute force de rayonnement social. Le patronage ne souffrirait pas de cette collaboration à l'activité syndicaliste, pas plus que le Syndicat ne souffre de la collaboration de ses membres à la vie du patronage ; il suffirait de créer dans chaque patronage une section syndicaliste pour que l'action de l'un renforçât celle de l'autre et réciproquement. Le Syndicat professionnel devrait continuer le patronage, comme le patronage continue l'école, et la Confrérie devrait pénétrer, soutenir et vivifier spirituellement le Syndicat comme, pour l'école et le patronage, le fait la paroisse.

La réalité présente est loin de satisfaire à ce programme ! L'église et ses chapelles de secours : des points perdus dans l'immense agglomération de maisons que ce quartier constitue ! Des petites maisons de construction déjà ancienne, à un ou deux étages, trois quelquefois, en moëllons plâtrés, de couleur grise ou jaunâtre, et d'où jaillissent, ici et là, de hautes bâtisses modernes ou des fabriques ; des rues où les véhicules se font rares ; des « meublés », des débits, des boutiques modestes, de l'air et de la lumière ; une population d'ouvriers, mêlés d'employés et de petits commerçants, des bandes d'enfants et d'adolescents, de nombreux étrangers, presque tous Italiens, auxquels s'ajoutent en quantité appréciable des indigènes d'Algérie qui encombrent, à midi, le square de la place de la Réunion : voilà l'aspect matériel de cette région de Paris, et qui recouvre tous les autres traits de sa physionomie particulière. Les étrangers vivent groupés, autant qu'ils le peuvent, dans le même immeuble : voici, parmi beaucoup d'autres, un hôtel de la rue des Orteaux, deux dans la rue des Haies, qu'habitent exclusivement des Algériens ; un autre, rue de Buzenval, des Italiens. De nombreux restaurants, boulevard de Charonne, rue de Montreuil, ailleurs encore, étalent une enseigne qui les qualifie de « Franco-italiens ». Les tramways, rue d'Avron, se succèdent, roulant à grand fracas de Montreuil au palais du Louvre. Dans cette même rue, un bar s'ouvre sous l'enseigne « Tout va bien », tandis qu'à l'angle du boulevard de Charonne, un autre proclame, par surenchère, que « Tout va mieux » ; pompeuses assurances, comme on en voit se multiplier d'ordinaire à la veille des grandes catastrophes. « Ça ira », riposte l'enseigne d'un cabaret de la rue de Terre-Neuve ; allusion au chant révolutionnaire, ou boutade joyeuse ? Les boulevards extérieurs déversent leurs passants sur la place de la Nation, l'ancienne place du Trône, où, au pied des hautes colonnes qui portent jusqu'au ciel les statues de Philippe-Auguste et de saint Louis, les deux rois auxquels le xiii° siècle doit cette plénitude de force et d'ordre, de sécurité et de justice, dont la politique monarchique et chrétienne dispense la bienfaisante vertu, une Marianne massive pèse de tout son poids sur le char que des lions sont impuissants à traîner, qu'un ouvrier et une femme du peuple, esclaves, peinent en vain à désembourber des eaux peuplées de caïmans monstrueux, gardes affamés et féroces veillant sur les destins de leur mère nourricière.

Du passé rural de Charonne, il reste comme témoignage quelques noms de rues, par exemple, le « Sentier de la Pointe » ou la « rue des Haies », et, comme vestiges, quelques ruelles larges d'un mètre à un mètre cinquante qui succèdent à d'anciens sentiers tracés jadis à travers champs ; deux impasses, rue des Vignoles, larges comme une porte, ne peuvent livrer accès qu'à une seule personne, de moyenne corpulence. Nombreuses, les enseignes portant, en grosses lettres : « Fabrique de meubles » ; parfois, le nom du patron révèle son origine italienne. Un marchand de vêtements, rue de Charonne, étale cette annonce : « Vêtements de travail pour toutes les *corporations.* » Ce mot survit à leur suppression légale, parce que la réalité vivante demeure en dépit de l'arbitraire des lois. L'importante coopérative communiste « La Bellevilloise » possède dans le quartier un dispensaire et un magasin d'épices, vins et primeurs. Une pancarte à la porte d'une épicerie annonce : « En vente ici, *le Liquide foudroyant*, le seul garanti infaillible contre les punaises ; le grand flacon, 2 fr. 80, et le petit, 1 fr. 45. » D'autres boutiques arborent de grandes affiches qui promettent à l'acheteur de leurs produits spéciaux la mise à mort immédiate des punaises et de tous insectes malfaisants, plaies des logis ouvriers. Plusieurs magasins offrent les instruments ou les produits exotiques nécessaires à la fabrication des meubles : « Machines à bois », c'est-à-dire machines à travailler le bois ; ou : « Placages tranchés de toutes essences », c'est-à-dire bois des Iles débités en feuilles pour le placage.

Les rues présentent, en semaine, une grande animation entre six et sept heures, le matin et le soir. En cette fin d'été maussade, un léger brouillard trouble parfois le début du jour et ne se dissipe que pour laisser le ciel enfoui derrière les buées cotonneuses, de nuance jaunâtre, qui portent à la mélancolie ; la lumière tamisée et comme demi-éteinte de ces journées fumeuses semble amortir les bruits des rues, épandre du silence, en envelopper la ville. Ou bien le ciel, barbouillé de nuées, tantôt d'un blanc laiteux et tantôt grises, s'éclaire par moments de rayons de soleil pour se voiler ensuite et fondre en courtes mais fréquentes ondées qui ajoutent à la tristesse de ce quartier. A la fin de l'après-midi, lorsqu'approche l'heure du repas du soir, ce ne sont, à pleine rue, qu'hommes et femmes rentrant de leur travail, femmes du quartier se rendant, en cheveux et en pantoufles, aux provisions, enfants accompagnant leurs parents ou, par bandes, jouant sur le trottoir ou la chaussée ; quand j'ai regagné ma chambre, j'entends le murmure de toutes les voix nombreuses montant de la rue sans répit. Quelques consommateurs s'arrêtent un instant au comptoir des débits ; deux fois seulement, j'ai rencontré un ivrogne : un lundi, à huit heures du soir, un homme d'une quarantaine d'années qui, rue de Bagnolet, tenait aux passants d'incohérents propos ; et un jeudi, à dix heures du soir, près du boulevard de Charonne, un homme du même âge qui titubait fortement.

Le dimanche matin, jusque vers neuf heures, les rues restent à peu près désertes ; dans plusieurs débits, debout devant le comptoir, quelques ouvriers en vêtements de la semaine, en pantoufles parfois, prennent, entre camarades et voisins, leur café ou un verre de vin. A partir de neuf heures, les femmes, en peignoir, font leur marché ; les hommes et les jeunes gens, en vêtements du dimanche, sortent ; les rues reprennent leur animation. Modeste est la tenue de fête des travailleurs du quartier : ce sont, le plus généralement, des vêtements de confection, de coupe ordinaire ; le faux-col et la cravate manquent souvent ; l'élégance est assez rare. Ce n'est pas l'effet de la pauvreté : l'ouvrier du bois gagne plus que l'ouvrier du fer. Mais, dans ce quartier très retiré, dans ce fond du faubourg lointain, on vit entre soi, loin

du luxe et des sollicitations des quartiers élégants ;
c'est un coin de Paris qui sent un peu la banlieue et
la province, qui est neuf et vieillot tout ensemble, et
où l'on a coutume d'une grande simplicité, même
d'un certain laisser-aller. Toutefois, les ouvriers sont
assez souvent bien chaussés : ils recherchent les
chaussures fines, au goût du jour, soit en étoffe et
cuir comme on les porte dans les quartiers du centre,
soit tout en cuir et lacées presque jusqu'à la pointe
du pied comme on les affectionne dans les faubourgs.
Il n'en reste pas moins que, d'une façon générale, la
population de Charonne, laborieuse mais assez fruste,
paraît étrangère à certains raffinements. On se sent,
à Charonne, assez loin de Paris ; on y éprouve l'impression d'habiter quelque ville industrielle qui ne
serait ni parisienne, ni banlieusarde, ni provinciale,
qui tiendrait un peu de ces trois caractères fondus
en une sorte de type moyen assez monotone et banal,
plutôt terne, sans relief et sans horizon. Mais la population tranquille qui y vit, étant ignorante, est inflam-
mable et, sous l'influence de ce qu'elle lit et entend,
comme des comités qui l'encadrent et la dirigent,
pourrait, au gré des circonstances et de ses maîtres,
se transformer très vite en un tourbillon ravageur.

En dehors des journaux, les habitants de Charonne
lisent peu. Ce qu'ils lisent le plus volontiers, les
vitrines des merceries-papeteries-journaux nous l'apprennent. Et voici ce qui s'y étale, sollicitant la curio-
sité : quelques romans à o fr. 95, comme *Les Roque-
villard*, d'H. Bordeaux, et *Les Ronds de Cuir*, de
Courteline ; et aussi le *Plan de Paris*, *La véritable*

cuisine de famille ; mais surtout : *Films d'amour, la femme perdue,* o fr. 5o, *Zigomar contre Zigomar* o fr. 75, *Vers le pardon* o fr. 4o, *Le triomphe de l'homme sans nom* o fr. 4o, *Les mystères du bagne ou quatre ans chez les forçats, scènes vécues de haine, d'amour et de mort* o fr. 5o, *La mort d'Irma* o fr. 25, *Les grands criminels* (deux fascicules par mois) o fr. 5o, *Le nouvel interprète des songes* 1 fr. 25, *L'art de lire dans les lignes de la main* o fr. 6o, *L'aube d'amour* o fr. 4o, *La femme reprise, roman du divorce* o fr. 95, *Les romans du cœur* o fr. 75, *Films d'amour, le souvenir qui tue* o fr. 5o, *Deux pages d'amour* o fr. 65, *L'amour de Liette,* 1 fr. 5o, et le grossier, l'immoral *Almanach de la vie de garnison,* bref, une basse littérature, stupide ou malpropre.

Le Quotidien s'est beaucoup répandu depuis les élections générales du 11 mai 1924. Une marchande de journaux du boulevard de Charonne me dit en vendre cinquante par jour, avec cinquante *Œuvre* et cinquante *Humanité ;* mais elle vend cent *Matin,* cent quarante *Journal* et deux cent cinquante *Petit Parisien ;* sept ou huit *Echo de Paris* (« Ça n'est guère le quartier », dit-elle) ; et dix *Action Française.* A côté de moi, un ouvrier lui demande ce dernier journal : « Je l'achète tous les jours, maintenant ! » explique-t-il. *L'Action Française* se trouve chez presque tous lés marchands de journaux du quartier, et ils sont nombreux ; chacun en reçoit deux ou trois exemplaires, généralement vendus dès midi, ce qui témoigne d'une clientèle fidèle et dissé-

minée dans tout Charonne. On voit rarement *l'Humanité* dans les mains des passants, mais, le plus ordi-
nairement, *Le Petit Parisien* ou bien, soit *Le Journal*,
soit une feuille de sports. Une mercière-papetière,
qui vend des journaux ainsi que font, pour se pro-
curer un supplément de ressources, beaucoup de
petits boutiquiers, se plaint amèrement de l'extension
incessante de l'entreprise des Messageries Hachette,
qui menacerait de monopoliser la vente des hebdomadaires et des quotidiens : « Bientôt il n'y aura plus
qu'eux ! Et nous perdrons cette petite source de bénéfices ! »

Sur 65o journaux environ, la marchande du boulevard de Charonne n'écoule que 15o journaux d'extrême gauche — *Œuvre, Quotidien, Humanité* —
dont 5o *Humanité* seulement. Mais il faut bien se
pénétrer de cette idée que ce sont précisément ces
15o lecteurs — moins du quart des acheteurs de
feuilles quotidiennes — qui conduisent les autres, car
ils savent ce qu'ils veulent et ils le veulent fortement. En outre, les 49o lecteurs du *Journal*, du *Matin*
et du *Petit Parisien* sont tenus dans l'ignorance des
faits politiques et sociaux essentiels ou de leur signi-
fication véritable, et même doucement inclinés à leur
insu à préparer les voies aux énergumènes d'extrême
gauche, à les regarder sans crainte sinon avec sympathie, enfin à subir leur joug. Voici, par exemple,
les titres des articles publiés par *Le Petit Parisien*,
en première page de son numéro du 26 août 1924 :
« M. Owen D. Young va assurer la mise en train du
plan Dawes. — Le traité de Lausanne est voté à la

Chambre. — M. Léon Holland, président des Advertising Clubs, reçoit la légion d'honneur. — La Chambre vote l'affichage du discours de M. Herriot. — Paris devrait avoir 123 conseillers municipaux au lieu de 80. — Mort à 112 ans. — Un père tue son fils d'une balle au cœur. — Une femme donne le jour à son 21e enfant. — Le bourreau britannique tente de se suicider. — Un savant italien aurait découvert les œuvres complètes de Tite-Live. — Une restitution britannique à l'impératrice d'Ethiopie. — Qu'a pu faire Galante de la jeune Mathieu ? — Un recteur anglican ami de la danse. — La prolifique Dinorah a trois enfants de plus. — Au marché des changes. — Le Ministre des Affaires étrangères de Pologne arrive ce matin à Paris. — L'aviateur A. Locatelli a été retrouvé. — Les deux nouveaux préfets de Paris. » Une pareille feuille d'informations organise l'ignorance. Savoir, c'est comprendre. Ce savant pêle-mêle semble combiné pour ahurir le lecteur et le noyer, avec les idées essentielles, dans le flot des faits divers. Mais il y a pis : ces journaux à grand tirage facilitent, en temps opportun, le glissement des sympathies vers les pires erreurs ; depuis le mois de décembre 1924, *Le Petit Parisien* publie une correspondance de Russie qui ne présente pas la situation de ce pays sous un jour défavorable ; par là, il rejoint *Le Quotidien* et *L'Humanité*. Ainsi une certaine presse fabrique-t-elle l'opinion : elle la trompe ou l'égare, altérant la vérité ou la dissimulant, ou détournant des choses sérieuses l'attention du public. Un illustré populaire, accroché dans toutes les rues,

consacre toute sa première page au portrait du « roi
du rire » : les badauds le contemplent aux devan-
tures des marchands ; au bureau de poste de la rue
de Buzenval, il fournit aux dames employées un
thème de conversations animées et bruyantes. *Le Petit
Journal* (1), désireux de montrer à ses lecteurs tout
le profit que notre « franc » retire du ministère
radical-socialiste Herriot, leur en décrit la courbe
depuis 1914, où la livre valait 25 francs, jusqu'en
mars 1924, où elle en valait 116, tandis qu'après
l'arrivée de Herriot au pouvoir, elle n'en valait plus
que 83. Mais le *Petit Journal* a simplement caché à
sa clientèle qu'à la veille des élections qui portèrent
Herriot au pouvoir la livre ne valait plus que
69 francs.

Le Quotidien met dans ses apologies moins de dis-
crétion : par ses accords de Londres avec Mac
Donald, Herriot a « travaillé à remettre l'Europe sur
le chemin de la raison et de la paix... Par sa fran-
chise, par sa bonne volonté évidente, par le constant
exemple de sagesse qui sortait de lui... il a fait reconnaître la justice de nos demandes et rétabli le pres-
tige moral de la France dans un éclat incomparable...
Ce pays veut la paix, la bonne paix... Grâce aux élections du 11 mai, il semble bien que la paix soit maintenant assurée pour un temps assez long... Et pour un
avenir plus lointain mettons notre espoir dans la

(1) Cité par l'*Action Française*, à sa revue de la presse,
le 19 août 1924.

Société des Nations (1) ». « L'ordre du jour voté par la Chambre » pour approuver les accords de Londres « ne dégage pas seulement... le trait décisif qui a permis à la négociation d'aboutir : l'arbitrage. Il donne encore pour stimulant des futures actions qui devront mener à la paix vraie cette même notion d'arbitrage international... N'en ayons pas de doute, c'est là le salut de l'humanité, car c'est la sauvegarde pour chacune des nations qui la composent. Jaurès avait bien prévu cela. La Société des Nations est maintenant là pour mettre en mouvement et pour sanctionner l'arbitrage. En votant son ordre du jour, la Chambre nous a permis d'avancer vers cette Europe organisée... L'arbitrage, c'est la justice qui s'organise entre les peuples. C'est la paix (2). » Et voilà les lecteurs de ce journal convaincus de la suppression définitive des guerres. Ils ne se souviennent plus que ces belles promesses leur avaient été prodiguées au cours de la douzaine d'années qui précédèrent la grande guerre. Et ils ne se doutent pas que, depuis la fin de celle-ci, c'est une plus grande guerre qui nous menace, contre laquelle la « notion d'arbitrage international » et la « Société des Nations » sont aussi impuissantes que le fut en 1914 le « Palais de la Paix » édifié en Hollande. Mais *Le Quotidien* ne cesse de faire briller aux yeux de ses lecteurs le séduisant mirage : « Dans quelques jours, se réunira

---

(1) *Le Quotidien*, 22 août 1924. Sous la signature d'Henri DUMAY.

(2) *Le Quotidien*, 25 août 1924. Sous la signature de Pierre RENAUDEL.

4

l'Assemblée de la Société des Nations. Les yeux du monde se tourneront vers Genève, d'où il attend cette fois de grandes choses. Car une magnifique espérance est née de l'âme des peuples depuis qu'au gouvernement des deux principales nations d'Europe, l'Angleterre et la France, se trouvent des hommes (1) qui placent eux-mêmes dans la Société des Nations et leur confiance et leurs espoirs (2). » Cependant, le même numéro du même journal publie un « avertissement de la Société des Nations » relatif aux « horreurs de la guerre chimique ». La « Commission pour la réduction des armements », qu'elle a constituée, proclame : « Nous n'avons rien vu, durant la dernière guerre, qui soit comparable aux perspectives probables de destruction des centres industriels et de massacres de populations civiles, au cas où un nouveau conflit important viendrait à se produire. » Mais cela ne trouble pas la sérénité de nos semeurs de rêves. *L'Œuvre* (3), qui cite ce document, voit dans la Société des Nations une garantie suffisante contre de pareilles horreurs. Et *Le Quotidien* déclare avec ingénuité que « ce document terrible », « cet avertissement solennel... ne comporte qu'une conclusion, qu'un seul commentaire : il faut tuer la guerre ! » Ce n'est pas plus difficile que cela. La solution est simple et élégante. Le tout était d'y songer.

Avec *L'Humanité*, le masque tombe : les hypocri-

(1) Mac-Donald et Herriot.
(2) *Le Quotidien*, 26 août 1924. Sous la signature de Georges Boris.
(3) 25 août 1924.

sies habituelles de son compère *Le Quotidien* sont jugées superflues ; il abat les cartes. Les jugements portés sur la mise en valeur des colonies atteignent à la perfection de la stupidité : s'il y a des troubles au Soudan anglo-égyptien, c'est la conséquence du traitement infligé aux « malheureuses populations soudanaises » par « les puissances financières ». « Le coton du Soudan est particulièrement apprécié par les industriels du textile, parce qu'il constitue la matière première par excellence employée pour la fabrication de la soie artificielle, dont la consommation mondiale grandit de jour en jour. De plus,... grâce à de grands barrages construits avec des capitaux britanniques, il est possible d'irriguer ces régions et d'y cultiver sur une grande échelle le blé et le coton. Les magnats britanniques, détenant le système d'irrigation qui donne quelque valeur aux territoires égyptiens et soudanais, contrôlent de ce fait la plus grande partie de la production agricole de ces deux pays... Trois sociétés, qui possèdent au Soudan les moyens d'irrigation, une grande partie des régions fertiles et un réseau de voies ferrées de grande valeur économique, sont pour ces raisons les véritables maîtresses du Soudan dont elles exploitent le sol et les indigènes (1). » La paix assurée à une vaste contrée dont la population souffrait d'une insécurité permanente, sa prospérité croissante due à la mise en valeur de ses richesses naturelles par les capitaux et la science d'un peuple d'une civilisation

(1) *L'Humanité*, 20 août 1924.

supérieure, voilà ce que les gens de *L'Humanité*
appellent « colonialisme » et ce dont ils ont la haine.
Le despotisme féroce qu'une horde barbare campée
au milieu des ruines russes fait peser sur une multitude d'esclaves tenus dans la misère, voilà leur idéal.
Tout ce qui n'est pas subversion totale de la société
occidentale leur fait horreur. Aussi les Cégétistes eux-
mêmes, ces « mencheviks », sont-ils tenus en exé-
cration par les bolcheviks de *L'Humanité*, qui les
qualifient de « traîtres au prolétariat » et les accusent d'être « d'accord avec le gouvernement » bourgeois des radicaux-socialistes pour « tenter de tor-
piller les organisations unitaires (1) ». Ces pacifis-
tes affectionnent la terminologie guerrière. Ils s'in-
surgent contre « le pacte d'asservissement de Londres », qu'admire *Le Quotidien*, et ils exigent « l'évacuation immédiate de la Ruhr (2) ». Le « bloc des
gauches, c'est le bloc national qui survit... Les chefs
socialistes trahissent la cause prolétarienne et déser-
tent le terrain de la lutte de classe au profit de la
bourgeoisie..... Le Bloc Ouvrier et Paysan, c'est la
paix... C'est par le Bloc Ouvrier-Paysan que les travailleurs *des villes, des champs, les soldats impose-
ront à la bourgeoisie défendue par le Bloc des Gauches leur volonté inébranlable et réfléchie de régler
eux-mêmes le problème de la paix, d'accord avec les
travailleurs des autres pays*. A tous les blocs nationaux de trahison et d'exploitation internationale, il
faut, partout, opposer sur un front unique et com-

(1) *L'Humanité*, 20 août 1924.
(2) *L'Humanité*, 18 août 1924.

pact, *le bloc des ouvriers et des paysans dressés pour la conquête du pouvoir et l'instauration de la dictature du prolétariat... (1) »*

En ce même mois d'août 1924, le P.C., c'est-à-dire le Parti Communiste, réunit à Paris « l'Assemblée fédérale de la Seine », qui organise la prochaine Révolution ; et le public, ouvrier ou bourgeois, hormis ceux des lecteurs de *l'Humanité* qui savent comprendre la portée de ce qu'ils y lisent, ignore tout de ces préparatifs. Les rapporteurs de cette Assemblée fédérale du Parti donnent les mots d'ordre : « *Le parti doit avoir une direction gauche... La direction du parti est d'accord avec l'Internationale contre toutes les droites possibles. C'est le moyen de marcher plus activement vers la Révolution. »* Le P. C. doit réaliser le front unique en vue de faire triompher, après l'écrasement de la bourgeoisie, le gouvernement ouvrier-paysan : « Le front unique demeure la tactique qui nous conduira à gagner les masses, à les détacher des social-démocrates contre-révolutionnaires et à les entraîner au combat contre la bourgeoisie. Pour gagner les masses, il faut savoir les lier à nous dans tous les cas de lutte pour les revendications immédiates. La plus petite action de classe déchaînée dans l'usine entraîne les ouvriers au combat, les familiarise avec nos mots d'ordre et fait renaître la confiance... Lorsque, seuls et sans s'inquiéter de leurs tendances particulières, les ouvriers d'une même entreprise se dressent en commun, ils nous

(1) *L'Humanité,* 19 août 1924.

donnent du front unique par en bas et de leur invincible unité de classe l'exemple le plus caractéristique... Le gouvernement ouvrier-paysan n'est pas autre chose qu'une application concrète du front unique. Comme *mot d'ordre d'agitation* et pour gagner la sympathie des masses paysannes, il peut être employé partout. Comme *mot d'ordre d'actualité* et but immédiat, il doit être lancé dans les pays où le capitalisme chancelant ouvre une succession, lorsque le problème du pouvoir va se poser pour les masses ouvrières. Dans ce cas, non seulement le mot d'ordre du gouvernement ouvrier-paysan réalise le front unique du prolétariat, mais il permet de déjouer les tentatives des social-démocrates qui s'apprêtent à s'unir à la bourgeoisie dans des gouvernements de coalition... Les objectifs élémentaires du gouvernement ouvrier, a dit Zinoviev, consistent à armer le prolétariat, à désarmer les organisations contre-révolutionnaires bourgeoises, à décréter le contrôle de la production, à faire peser le poids des impôts sur les classes possédantes et à briser la résistance de la bourgeoisie... Seul, le Parti communiste, appuyé sur la dictature prolétarienne, peut réaliser dans sa forme intégrale un *véritable gouvernement prolétarien...* Nous ne pouvons comprendre le mot d'ordre du véritable gouvernement ouvrier et paysan que comme une application de la dictature du prolétariat... Il ne peut y avoir de vrai gouvernement prolétarien qu'avec *l'écrasement total de la bourgeoisie,* c'est-à-dire par la guerre civile et l'inévitable lutte armée. Les premiers symptômes de l'inquiétude de la bourgeoisie

française apparaissent déjà depuis que le P. C. français a commencé la transformation de sa structure et
affirmé avec plus de netteté ses principes, ses tacti-
ques et sa volonté inébranlable de les appliquer. De
tels symptômes ne laissent aucun doute que la bourgeoisie, avant même la liquidation du Bloc des Gauches, procédera elle-même aux créations armées et
politiques d'auto-défense qui préluderont à la guerre
civile » (1).

Le lendemain, le rapporteur expose que la « réor-
ganisation du P. C. français... sur la base des cellules
doit être achevée le 1er janvier 1925. Ce travail se
divise en deux parties : 1° *Organisation intérieure :*
cellules, fractions communistes, formation des cadres.
2° *Mots d'ordre : pour le 1er décembre 1924,* tous les
membres du P. C. doivent être groupés sur la base
du lieu de travail ; *dans la première quinzaine de
décembre,* se tiendront des conférences de rayons
avec désignation, par les cellules, de représentants ;
deuxième quinzaine de décembre, désignation des
Comités fédéraux... C'est l'exemple de nos camarades
russes qu'il faudra suivre ; ils avaient des difficultés
plus nombreuses et plus grandes que celles de notre
Parti et ils ont réussi à les vaincre toutes... Il faudra
créer des écoles et des cours marxistes dans tout le
pays, de façon à préparer et à former des nouveaux
cadres susceptibles de gagner et d'organiser solidement le P. C. au sein des masses ouvrières... Il faut
organiser le travail parmi les masses étrangères tra-

L'Humanité, 18 août 1924.

vaillant en France,... préparer un plan de travail parmi les paysans, ainsi que le groupement des indigènes travaillant en France » (1).

A une séance ultérieure, le rapporteur étudie le « travail immédiat » à accomplir dans les colonies, dans l'armée et parmi les jeunes ouvriers français. « Notre Parti doit dès aujourd'hui et par tous les moyens proclamer *le droit à l'indépendance des colonies*. Nous devons organiser le prolétariat travaillant en France et prendre sa défense... Aux colonies, il faut... constituer avec les indigènes des P. C... C'est l'I. C. (2) qui nous donne pour mot d'ordre de soutenir partout les mouvements nationaux et de les transformer en mouvements révolutionnaires. La tâche la plus immédiate du P. C. français, c'est le travail au *Maroc*... Notre Parti a pour mot d'ordre immédiat : évacuation du Maroc. Il nous faut prendre nettement position et soutenir le Parti national marocain d'Abd-el-Krim, qui est le parti des révoltés... » Quant à « la question militaire », le rapporteur déclare que « c'est au P. C. d'examiner le problème de la militarisation et d'envisager les méthodes utiles en vue de l'insurrection armée... Lénine disait que la véritable action contre la guerre était la constitution de cellules dans l'armée... Comment se pose d'une façon concrète le problème de la prise du pouvoir ?... Le Parti Communiste... doit gagner à sa cause l'armée bourgeoise ; il faut que, le jour de

(1) *L'Humanité*, 19 août 1924.
(2) L'Internationale communiste.

la lutte, le prolétariat militarisé se dresse contre ses exploiteurs. C'est au sein même de l'armée que le P. C. doit avoir des organisations, des cellules, des comités... Le P. C. doit *introduire dans les casernes l'esprit de lutte de classe...* » Enfin, « les Jeunesses » doivent collaborer à cette action du Parti au sein de l'armée comme « dans tous les domaines... Cependant, pour l'organisation des cellules, il est indispensable que les jeunes et les vieux forment des cellules bien distinctes. Il faut que, dans une même usine, deux cellules séparées soient créées ; faire le contraire serait travailler à la disparition des jeunes... C'est par l'éducation des jeunes que des cadres nouveaux se formeront à l'intérieur du Parti et, si celui-ci collabore étroitement avec les jeunes, il possédera bientôt des camarades susceptibles de former et de diriger un véritable Parti Bolchévik » (1).

Sur les six cent cinquante clients de la marchande de journaux du boulevard de Charonne, cinquante seulement connaissent ces délibérations qui porteront leur fruit quelques mois plus tard, en novembre et décembre 1924. Et, de même, un très petit nombre, sur la multitude d'ouvriers qui peuple Charonne, sait ce qui se prépare. La foule laborieuse de ce lointain faubourg, dont la destinée est en jeu, ignore tout : à son insu, elle est manœuvrée par la conspiration des forces secrètes qui l'assiègent, la pénètrent, l'influencent, la conduisent. L'école, la presse de faits-divers, les journaux de gauche, les commérages de quartier,

(1) *L'Humanité*, 20 août 1924.

quelques lectures de romans de pacotille ou de brochures pornographiques, les cinémas et les spectacles commandent les réactions de sa sensibilité et, par
les images dont ils la nourrissent, déclanchent le jeu
de son intelligence et de sa volonté. Sur les murs, on
ne voit que rarement des affiches politiques ou socialistes : une fois, boulevard de Charonne, une invitation à assister, au siège social de « La Bellevilloise »,
rue Boyer, à une réunion publique « Pour l'évacuation immédiate de la Ruhr et du Maroc » ; une autre
fois, rue de Buzenval et rue Planchat, une convocation à une conférence donnée dans le même local par
les Jeunesses communistes.

Au contraire, les murs du quartier sont généralement couverts d'affiches qui étalent le programme des
spectacles. On compte à Charonne une demi-douzaine
de cinés, un Théâtre-Eden et un Café-concert.

Le samedi soir, la très vaste salle du Cinéma de la
rue de Buzenval est pleine comme un œuf : une foule
de commères, de femmes avec un marmot sur le
bras, d'hommes, des bandes de jeunes gens, d'adolescents et d'enfants, tous en vêtements de travail ou
de la semaine, femmes en cheveux, hommes en casquette, occupent toutes les places — qui coûtent
1 fr. 25, 1 fr. 50 et 1 fr. 75. On leur donne un film
de facéties énormes, un autre des mœurs frustes et
violentes du Far-West des Etats-Unis, enfin un troisième qui est un tissu d'aventures invraisemblables
dans les montagnes et les forêts, au milieu de nègres
et d'Arabes, de lions, de crocodiles et de singes. A la

fin d'un entracte, deux spectateurs se prennen: de querelle : toute la salle se lève pour ne rien perdre de ce film imprévu et inédit et bientôt pousse des clameurs que domine une tempête de sifflets ; une vieille femme s'exclame : « Ah ! avec leurs sifflets de voleurs ! Et on dit que c'est le progrès ! ah ! quelle jeunesse ! » Des jeunes gens appellent un de leurs camarades : « Salomon ! » Le type en est tout à fait d'accord avec le nom ; plusieurs brocanteurs du quartier ferment leur boutique le jour du sabbat.

L'après-midi du dimanche, le Ciné de la rue de Bagnolet ouvre ses portes à deux heures trente. Les places coûtent 1 fr. 50, 2 fr. et 2 fr. 75. La journée est pluvieuse : la salle, très grande, est pleine. Tous les spectateurs sont des gens du quartier, très simplement mais très proprement vêtus ; quelques chapeaux émergent de la foule des casquettes ; on remarque beaucoup de familles, mais surtout, par troupes, des adolescents et des jeunes gens, des gamins et des fillettes. Une jeune fille, que ses parents accompagne, leur parle de « la vieille *daronne* » (1) d'une de ses amies. Avant que la séance commence, un grand brouhaha joyeux emplit la salle ; la fumée des cigarettes monte en l'air ; la marchande de bonbons traverse les rangs avec son panier et fait recette. Enfin, l'écran va s'éclairer, s'animer au milieu du profond silence des spectateurs immobiles. Voilà, pour eux, les joies de ce monde. Ils ne sont pas difficiles ; bien peu de chose les contente ; il leur suffit d'un jeu de

(1) Terme d'argot qui signifie mère.

lumières et d'ombres sur une toile blanche et parfois même — luxe suprême — d'un bonbon à sucer. Et puis, ils rentreront dans leur chambrette sale et sombre où ils subiront, résignés, les morsures des punaises avant de reprendre le chemin de l'atelier. Mais ils ne se plaindront pas. Modestie, patience, travail, voilà la vie de ces braves gens. En dînant, ce soir, j'entendrai un vieux de soixante ans dire à son voisin : « Bien me porter pour travailler, voilà tout ce que je demande ! »... Les films déroulent toute une série d'aventures extraordinaires et invraisemblables et de grosses pitreries. Le public regarde, rit, s'amuse des pauvretés qu'on lui sert. Mais plusieurs n'en sont pas dupes ; à la sortie, un jeune homme d'une quinzaine d'années dit à son camarade : « Certainement, il y a mieux qu'çà. Mais, pour le prix, faut savoir s'en contenter ! ». De ce défilé d'images vaines qui se bousculent, se succèdent à toute vitesse, modifiant sans qu'ils en aient conscience leur sensibilité, les spectateurs gardent seulement quelques souvenirs épars. Il en est comme des événements politiques dont le public ne saisit pas le sens, ne perçoit pas le lien, ne garde pas la leçon, ou qu'il oublie tout aussitôt qu'il les a vus. Aussi, lorsqu'elle ne dépend que de l'opinion publique, la vie nationale perd-elle les qualités, cependant fondamentales, de la continuité et de la prévision : alors, les événements la conduisent ; la nation n'est plus qu'une foule sans chefs, du moins sans chefs qualifiés et visibles, par conséquent livrée à toutes les impulsions, manœuvrée par les meneurs, par les marchands d'images lumineuses et d'illusions.

Un samedi soir, l'Eden-Théâtre, rue d'Avron, joue « *Le train de 8 h. 47* », de Courteline. L'annonce de cette grosse farce déchaîne une ruée d'amateurs. Plus d'une heure avant le lever du rideau, une cohue inouïe assiège le guichet. Chacun accepte volontiers de faire queue en subissant une compression d'une violence rare. C'est une foule d'hommes, de femmes, de couples, en vêtements de logis ou de travail, en débraillé de la semaine, foule joyeuse, bruyante, brutale et de bonne humeur, qui se bouscule avec acharnement et s'exclame de surprise d'être tant bousculée, gémit d'être à ce point malmenée et semble en même temps s'y complaire ; le guichet est pris d'assaut, l'agent de police débordé, couvert d'invectives et même d'injures ; des disputes sonores éclatent tout d'un coup et s'apaisent de même parmi les gens qui s'écrasent.

La petite salle est pleine à craquer : c'est une nappe mouvante de casquettes d'hommes et de chevelures féminines, d'où surgissent des visages de fillettes, d'enfants, de tout petits mioches même, tenus sur le bras du père ou de la mère qui n'ont point de domestique à qui les confier lorsqu'ils vont au théâtre. Et tous parlent, jacassent, s'interpellent dans un tohu-bohu grandissant. L'orchestre s'essaie en vain à dominer le tumulte de la foule véhémente qui, brusquement, impatiente d'attendre, cesse les conversations et cogne à grands coups sur le plancher. Le rideau se lève au milieu des applaudissements. Les acteurs échangent des plaisanteries énormes, de gros mots de caserne, avec une mimique de pitres : et

voilà la salle secouée de joie, de tous côtés partent des
fusées de rires. Ils sont venus pour cela, pour rire :
on leur en donne suivant leur humeur et ils en rede-
mandent. Suivre ce spectacle ne leur coûte aucun
effort ; aussi bien sont-ils venus pour n'en point
faire, mais se délasser en s'abandonnant à la gaieté.
Cependant, on leur servirait une pièce d'un goût plus
relevé et de meilleure tenue qu'ils n'y prendraient pas
moins d'intérêt tout en en tirant quelque profit, car
ils sont loin d'être des sots et, au fond de leur nature
fruste, se cache un idéal qu'il suffirait de solliciter
pour en tirer les plus beaux fruits ; ils sont comme
une terre très riche à qui ne manque que les bons
ouvriers pour lui faire donner le meilleur d'elle-
même. Mais ils ne trouvent ici qu'incitations à demeu-
rer grossiers ou à devenir pires : vilains sous-enten-
dus, mots obscènes, gestes licencieux se succèdent,
salués par des gerbes de rire que dominent les notes
perlées des gosiers féminins ; les femmes sont toujours les meilleures ou les pires.

Sous couleur de théâtre moralisateur, il faudrait se
garder de donner des pièces niaisement vertueuses
ou des fadeurs sentimentales ; elles n'auraient guère
de succès. L'Eden en fait l'expérience huit jours
plus tard. Ses affiches annoncent « *La grâce de Dieu,*
drame avec chants, d'Adolphe d'Ennery... Un beau
drame..., tout à fait moral, dans lequel la vertu...
triomphe... C'est la pièce idéale des familles... »
Trois quarts d'heure avant le lever du rideau, quelques
gens paisibles font queue silencieusement ; lorsque je
pénètre dans la salle, elle est aux trois quarts vide.

Le vieux drame populaire, sentimental et « moral »,
ne fait plus guère recette. Mais, comme le besoin de
distraction mobilise toujours du public, quoi qu'il
lui soit offert, les sièges se garnissent peu à peu :
hommes en habits de travail, femmes en cheveux,
avec ou sans tablier sur les vêtements de semaine, des
familles ; rares sont les jeunes gens et les jeunes
filles ; et ce n'est plus l'assistance frémissante de
l'autre semaine, qu'attiraient les malpropretés joyeuses d'une pièce dont la réputation était solidement
établie, mais une assemblée tranquille, vraiment sage,
et même un peu morne.

La pièce nous transporte en plein xviii° siècle. Le
seigneur du village promet de ne pas chasser de
pauvres fermiers, qui n'ont pu payer leurs redevan-
ces, et de s'intéresser à l'avenir de leur fille. Mais
le curé prévient ces paysans que la vertu de leur
enfant courra de grands dangers. A la vue du prêtre,
deux spectateurs d'une trentaine d'années, assis derrière moi avec chacun sa femme et son enfant, poussent un méprisant : « Un curé !... Pff !... » C'est la
première manifestation d'hostilité à l'égard du clergé
que je note dans un lieu de spectacle depuis la
guerre : la campagne électorale du mois de mai, le
programme anticlérical du nouveau gouvernement et
les excitations des journaux de gauche produisent
leurs fruits. Le fermier suit le conseil du prêtre : il
refuse de confier sa fille au seigneur qui, de dépit,
fait saisir ses meubles et le met dehors. Mais l'honnête paysan s'écrie : « J'aime mieux mourir de faim
que vivre dans le déshonneur ! » Une partie de la salle

applaudit vivement, quelques spectateurs ricanent.
La jeune fille devra, pour gagner sa vie, quitter ses
parents et se placer chez des étrangers. Ses adieux
sont l'occasion d'une scène d'attendrissement, de larmes, d'appels pathétiques tout à fait à la manière de
Rousseau et des romantiques, mais si profondément
démodée aujourd'hui et d'un ton si artificiel qu'une
seule spectatrice porte son mouchoir à ses yeux : la
salle reste de glace. Le curé dit au père et à la mère
que « Dieu récompensera leur sacrifice ». —
« Pff !... » fait encore entendre, derrière moi, le
même ouvrier ; et des ricanements s'élèvent de plusieurs points de la salle.

...Il n'est pas encore minuit : boulevard de Charonne, dans un café, un bal public bat son plein :
aux deux coins du boulevard de Charonne et de la
rue d'Avron, deux cafés font entendre un orchestre
jazz-band. Sur la chaussée, des gens attroupés écou-
tent et regardent les musiciens. Aux terrasses des
nombreux cafés de la rue d'Avron, des consommateurs devisent en prenant le frais. Place de la Réunion, dans un bar étincelant de lumières, vient
d'éclater une violente dispute ; un grand et vigoureux
gaillard la termine en jetant son contradicteur dans
la rue, à coups de poings. Je regagne ma chambre :
sous ma fenêtre, montant d'un cabaret voisin, une
voix avinée entonne : « C'est la lutte finale... » Une
heure du matin : un jeune faux ménage a loué la
chambre voisine ; le couple rentre ; une bruyante
querelle éclate ; la femme crie, à satiété, au milieu
d'injures : « Tu m'as volé !... Tu m'as volé !... »

CHAPITRE II

LE FAUBOURG SAINT-ANTOINE

§ 1

AU CŒUR DU FAUBOURG

a) Un atelier de meubles d'art

L'atelier est situé tout en haut du Faubourg, dans le quartier de la rue de Montreuil, aux approches du boulevard Voltaire, dans le bâtiment neuf d'une « Cour » (1) modernisée. La façade de l'immeuble est trouée de grands rectangles vitrés qu'encrasse une poussière épaisse. Je suis embauché pour en faire le nettoyage. Humble besogne ! Mais pour celui qui doit accepter, s'il veut manger, les tâches qu'il trouve, *faire ça ou peigner la girafe* (2), peu importe ! L'ate-

(1) Nous décrivons au § 3 les « Cours » si nombreuses et si pittoresques du Faubourg.
(2) Faire ça ou autre chose !

lier occupe plusieurs vastes salles, fort claires malgré le voile jeté sur les carreaux par l'impalpable poudre grasse dont l'atmosphère parisienne est chargée. Un escalier large et facile y donne accès. Une vingtaine d'ouvriers et apprentis y travaillent. Ils observent la semaine anglaise, mais, comme ils font en ce moment une heure supplémentaire, leur journée de travail pendant cinq jours est de dix heures.

C'est le très beau meuble — de cinq à vingt-cinq mille francs pièce — qui sort de cette maison : meubles de grand style, des XVII\ue et XVIII\ue siècles, ou Directoire, ou Empire, en bois des Iles, marqueté, encadré de cuivres somptueux ; ou modernes, mais d'une fantaisie sobre où le bon goût d'artistes formés à la grande école traditionnelle des classiques a mis sa marque. Le patron constate que le très beau meuble Louis XIV et Louis XV se vend moins depuis la guerre ; les nouveaux riches, dont le goût n'est pas formé, se montrent peu capables de l'apprécier ; ils dépensent d'ailleurs moins volontiers leur argent en mobilier qu'en perles, diamants et automobiles. La seconde génération commencera à discerner et à aimer la vraie beauté ; et peut-être seulement la troisième. Une *civilisation* suppose la continuité dans la vie des familles, la stabilité dans le métier et dans les fortunes, une éducation devenue chez les artisans et chez les riches traditionnelle, fortifiée par le temps, enfin l'acquisition puis le perfectionnement du sens artistique, le raffinement du goût. En dehors de ces conditions, une société se réduit à un amas de gens — ouvriers ou patrons — qui travaillent, produisent, gagnent de l'argent, mais ne connaissent et n'apprécient de la vie que les grossières manifestations matérielles, s'ils ne régressent même au stade rudimentaire d'un « bloc ouvrier-paysan ». La vie de l'industrie artistique du meuble suppose donc une société qui ne produise pas que du pain, du charbon et de la « confection » ou de la « série », mais qui s'épanouisse à la fois en une élite d'artisans amoureux d'un métier qui fait d'eux l'aristocratie du travail et en une élite possédante, accoutumée à user avec discernement de sa richesse, et cultivée, capable de manifester cette haute culture par un genre de vie que l'art imprègne et transfigure.

L'atelier ne possède pas la moindre machine : le bois y arrive, débité en planches, que les ébénistes transforment à l'établi ; tout le travail se fait à la main ; la matière y est remaniée jusqu'à ce qu'ayant subi toutes les disciplines que l'esprit lui impose elle soit devenue le meuble dont les ouvriers avaient le plan sous les yeux. C'est en lisant ce plan qu'ils conduisent leur besogne : elle exige intelligence, initiative, instruction, compétence et expérience professionnelles. Les apprentis les aident, s'initiant peu à peu au métier en accomplissant les travaux accessoires. Ils vont, le jeudi, à l'Ecole Boulle, pour apprendre le dessin. Anciens pupilles de l'Assistance publique, ils ne se sont pas accoutumés à la vie rurale ; rentrés à Paris, ils s'efforcent de s'y faire leur place. Ils restent groupés, habitent dans le même hôtel, se soutiennent mutuellement, formant entre eux une sorte de famille. Ils gardent de l'affection pour leurs parents nourriciers, chez qui ils vont passer leur congé annuel. Ils se montrent fort polis. Je ne suis qu'un simple manœuvre et ils me disent : « Monsieur ». Un soir, au moment de partir, je vais vider mon seau d'eau et me laver les mains dans le réduit où se trouve la prise d'eau et qui sert de lavabo : un apprenti se savonnait les mains ; il ne me voit pas ; j'attends mon tour ; les autres apprentis qui, tout à côté, s'habillaient, l'interpellent aussitôt, l'invitant à me céder la place, et, bien que je déclare que j'attendrai qu'il ait fini sa toilette, le jeune homme s'éloigne du robinet, les mains pleines de savon, pour n'y revenir qu'après mon départ.

Les salles de l'atelier sont très claires ; d'un côté, s'entassent les pièces de bois brut ; de l'autre, se succèdent les établis avec, à portée de la main, tous les outils nécessaires. Le silence n'est troublé que par le bruit intermittent d'une scie à main, d'un rabot, d'un marteau, d'une lime, ou parce qu'un des hommes se met à siffler un air à la mode ou murmure un refrain. Un apprenti — dix-huit ans — entonne à dix reprises le refrain qui l'obsède : « Insouciant comme un oiseau bleu... » Et il ne va jamais au delà de cette simple phrase. Un instant, une voix s'élève ; un jeune apprenti crie à l'un de ses camarades : « J'ai acheté des *godasses* de cycliste, tout à fait *bath*, pour vingt-huit francs ! ».

En ville, les hommes sont très simplement mais proprement vêtus. Seul, un jeune compagnon, de vingt-deux à vingt-trois ans, s'habille avec beaucoup d'élégance. A leur établi, ils revêtent la cotte et la veste bleues, ou bien seulement la cotte bleue et ils restent en manches de chemise, ou bien ils enfilent un vieux pantalon. Les compagnons ne se tutoient que s'ils se connaissent personnellement, mais ils tutoient les apprentis.

Au début d'une séance d'après-midi, un jeune ouvrier ferme la fenêtre voisine de son établi, parce qu'il a froid, dit-il. Un compagnon, âgé d'une cinquantaine d'années, veut au contraire l'ouvrir parce qu'il a, lui, trop chaud. Une longue discussion s'élève entre eux : « Si t'as froid, dit l'ancien, mets de la flanelle ! — Ah ! là ! là ! — Eh bien ! tu verras quand tu auras trente-deux ans... — ?... — C'est à trente-deux ans que j'ai dû mettre de la flanelle. » Et cela lui apparaît comme une nécessité pour tous ceux qui atteignent cet âge. Sur quoi un autre compagnon s'écrie : « Mais quoi ! tout le monde ici commande, tout le monde est chef d'équipe et contremaître ! Je ferme la fenêtre, je l'ouvre. Alors ?... »

« Que ferais-tu si tu devenais millionnaire ? » demande le jeune ouvrier au quinquagénaire. « — Oh ! millionnaire !... — Enfin, si tu devenais riche ? — Oh riche ! Je ne demanderais que d'avoir une petite villa et du travail : car ce n'est pas moi qui resterais à ne rien faire ! Je travaillerais dans ma villa pour satisfaire aux commandes... Voyez-vous, il faudrait, pour améliorer le sort de l'ouvrier, aux dépens de qui les commerçants s'enrichissent, fonder partout des coopératives d'achat... — Enfin, tu vivrais dans ta villa, comme Clemenceau ! — Ah ! Clemenceau !... » ricane le vieux. « — Tu voterais peut-être

bien pour lui ! » poursuit l'autre, narquois. « Je parie
que tu as voté pour Poincaré ! — Oh ! » s'exclame le
vieux, suffoqué par l'énormité d'une pareille affir-
mation. « — Alors, pour le Bloc ouvrier-paysan ? —
De peur de me tromper, je n'ai pas voté du tout. —
C'est bien le mieux ! » conclut l'autre. Et voilà
enterré le suffrage universel pour lequel le Faubourg
Saint-Antoine s'insurgea. Mais l'incohérence de leurs
idées est telle que le vieux reprend : « Je me suis
dérangé bien des fois pour voir Marty, rue Grange
aux Belles. L'armée n'est composée que de capitalistes et de royalistes ! » Du fond de l'autre salle, une
voix chante :

> « *Je suis marteau*,
> « *J'ai perdu la boussole*,
> « *Je suis dingo* ....
> « .... »

Ce compagnon n'en sait pas plus long, mais il y
prend tant de plaisir qu'il ne cesse, tout le jour, de se
répéter.

Un jeune apprenti — quinze à seize ans — s'étant
risqué à faire une légère plaisanterie à un compagnon, celui-ci proteste avec vivacité contre cette
atteinte à la hiérarchie : « Je ne joue pas avec les
apprentis ! Regardez-moi c'môme qui veut plaisanter
avec moi !... ».

Les compagnons relèvent assez durement les insuf-
fisances professionnelles des apprentis : « Tu ne sais
rien faire ! » disent-ils sèchement à l'un de ceux-ci,
chargé de préparer la colle. « — Mais je n'ai encore

qu'un an d'apprentissage. — Je voudrais bien savoir
où tu l'as faite, cette année-là ! Tu ne sais même pas
allumer le feu !... Pour un fils *d'ébéno !...* » Et ils
lui montrent en un tournemain comment aménager le
sorbonne, qui est le foyer de la grande cheminée à
manteau où, sur un feu de débris de bois et de
copeaux, la colle se maintient chaude. Un autre compagnon, d'une soixantaine d'années, réprimande avec
vivacité un apprenti de dix-huit ans : « Tu ne fais pas
assez attention ! tu es distrait ! » Le jeune homme
esquisse une excuse : « Ah ! » reprend l'ouvrier impa-
tienté, « avec ta grande gueule, tu rouspètes toujours... — C'est vous qui râlez, c'est pas moi ! »
riposte l'apprenti, essayant de tenir tête. Mais le compagnon s'enferme dans un silence méprisant.

Un jour, je suis obligé de poser mon échelle sur la
surface glissante du plancher poli et comme ciré en
cet endroit par les allées et venues incessantes d'un
ébéniste en pantoufles ; en outre, quelques rayons
fixés au mur au bas de la fenêtre me forcent à accen-
tuer l'inclinaison de l'échelle. A peine ai-je gravi
plusieurs échelons que, brusquement, elle glisse,
brise un carreau et me jette sur le parquet, heureusement sans dommage. C'est ce qu'on appelle « *faire
un soleil* ».

Un après-midi, le compagnon près de qui je lave
les vitres s'écrie : « Vivement ce soir, qu'on se cou-
che !... qu'on se repose, quoi !... Ah ! quand on sera
mort, on sera tranquille, on ne pensera plus à rien...
Il y en a tellement qui ne font rien, toute leur vie ! Ils
naissent avec une fortune. Ils ne se rendent même pas

compte de ce que c'est que la misère... Si seulement
nous avions un peu de ce que les autres ont de trop...
Ah ! ah ! en Russie, on les a obligés à travailler, ceux
qui n'avaient jamais fait œuvre de leurs dix doigts !
On a peut-être été trop loin. Mais ils avaient besoin
de ça... » Après quelques instants de silence, il
reprend : « Je ne vois pas l'avenir en rose. On ne
retrouvera plus la vie facile d'il y a vingt ans. Le beau
meuble, ça tombe : c'est trop cher. Trop peu de gens
peuvent mettre dix mille francs dans une chambre à
coucher. Alors, on achète la camelote à deux mille...
— Si le franc baisse, fais-je observer, la camelote
coûtera plus cher. — Bah ! que le franc baisse, que la
livre monte ! le change, quoi !... on ne s'occupait pas
du change avant la guerre ; et je ne m'en occupe pas
davantage, maintenant. Qu'est-ce que ça peut faire,
le change, pourvu qu'on gagne de quoi vivre !... »
Sans doute. Mais toute la question est là. « ... Pour
moi, poursuit-il, il y a un moyen de faire baisser le
prix de la vie : c'est de reprendre les relations d'affaires avec les Allemands. — Leur camelote nous inon-
dera. — Eh bien ! ça fera baisser le prix de la
nôtre ! » Sans provoquer de crise économique, de chômage ? Sans diminuer notre prospérité générale, sans
faire souffrir la classe ouvrière ? Il est indifférent de
perdre la maîtrise d'un marché, surtout du marché
national ? Il y a trop de riches, il faudrait leur prendre une partie de leur fortune, dit-il ; et, l'instant
d'après : il n'y a pas assez de gens très riches qui
puissent acheter nos beaux meubles ; notre industrie

périclite, nous n'avons plus de travail... Que d'idées incohérentes ! que d'idées fausses ! que d'ignorance !

b) **Logis et restaurants**

Les hôtels meublés sont en très grand nombre au Faubourg, surtout entre le square Trousseau et la rue de Reuilly, mais, à de très rares exceptions près, vieux et pitoyables avec leurs façades noires, leurs chambres malpropres et obscures et, presque toujours, au rez-de-chaussée, l'inévitable enseigne « Vins et liqueurs ». Dans un de ces immeubles délabrés, pour une chambre avec un grand lit, on me demande trente francs par semaine ; pour un simple cabinet au sixième étage, vingt-quatre francs. Ailleurs, le bar traversé, je débouche dans une petite cour, vétuste et sale ; la chambre libre se trouve au rez-de-chaussée, ne recevant air et lumière que par une porte vitrée ; le papier des murs est déchiré et crasseux ; le plancher, le plafond, le mobilier sont d'une saleté répugnante : le prix en est de vingt-huit francs par semaine. Plus loin, j'entre dans le débit, bas et sombre, ouvert au rez-de-chaussée d'un vieux « meublé » à façade jaune, et je demande une chambre: l'homme, derrière son comptoir, me toise rapidement, des pieds à la tête, hésite et, finalement : « Vous êtes seul ? — Oui. — Ah !... J'en ai bien une... Mais pour deux personnes... C'est trop cher... » J'ai donc bien mauvais air pour qu'il ait jugé, d'emblée, que le prix de cette chambre était trop élevé pour moi ? De porte en porte, j'interroge dix patrons d'hôtels : aucune chambre n'est libre. Enfin, dans une vieille bâtisse aux façades crasseuses, étroite sur rue, mais très profonde de sorte que presque toutes les chambres ouvrent leurs fenêtres sur une courette obscure, en forme de couloir, tapie entre les cinq étages des immeubles qui lui mangent le jour, le garçon d'hôtel me montre un « cabinet », du prix de vingt francs par semaine, qui est tout ce qu'il possède de disponible. On y parvient par un interminable corridor, étroit, sombre, qui dessert un grand nombre de chambres ; partout, le sol est carrelé. Une odeur de moisi flotte dans l'air. Sur le seuil du cabinet, je suis pris à la gorge par une forte odeur d'humidité et de pourriture. Dans l'obscurité qui y règne, j'ai peine à distinguer les objets. Le commutateur tourné, j'en mesure d'un coup d'œil les dimensions : deux mètres cinquante sur un mètre quatre-vingts. Un jour de souffrance, ouvert à près de deux mètres du sol, garni de barreaux et d'un grillage, reçoit d'une courette étroite, humide et noire comme un puits, un air vicié et une lueur de fin de crépuscule. A la clarté de la lampe électrique, je vois le mobilier misérable : une couchette de fer, une chaise, une commode en bois graisseux, une minuscule table de toilette couverte de taches. Sur le papier gris sale qui tend les murs, se succèdent les traces des punaises écrasées. « Il y a des punaises ? — Oh ! répond tranquillement le garçon, ç'a été soufré. Et puis, il n'y en a plus guère maintenant, en septembre... — Il ne fait jamais jour ici. — Ça n'a pas d'importance. Nos locataires, le jour, sont dehors. Ils se lèvent à six heures pour partir au travail et ils ne rentrent que pour se coucher... » Je crois bien ! Comment pourraient-ils se résigner à prendre gîte en ces tanières autrement que pour dormir ! J'ai depuis longtemps l'habitude des logis ouvriers : pour la première fois, j'ai hésité à louer cette pièce. Je suis parti sans conclure le marché, j'ai cherché encore dans le quartier, mais en vain, et, pressé par la nécessité, j'ai dû revenir, accepter, subir. Mais, la semaine payée d'avance, ma valise installée sur la commode, je suis reparti en hâte, chassé par l'intolérable odeur, et, le soir, j'ai retardé tant que j'ai pu l'heure de regagner ce trou. Sur le seuil, j'hésitais encore. Il m'a fallu me faire violence pour accepter de me plier — et pour moins d'un mois — à la loi que tant de braves gens subissent pendant des années, toute leur vie peut-être. Incommodé par l'écœurante fadeur des relents de moisissures qui flottaient dans toute la pièce et qui m'imprégnèrent avec plus de force lorsque je fus couché, je finis néanmoins, vaincu par la fatigue, par m'endormir. Plus tard seulement, je devais me rendre compte que le contenu de mon oreiller, à demi pourri par l'humidité ambiante, constituait le principal foyer d'infection.

Le « meublé » compte une centaine de locataires. Il ne s'aggrave pas d'un débit. Le matin, vers neuf heures, je croise au bas de l'escalier des femmes qui rentrent, portant les provisions dans un filet. Des ménages habitent donc ces cellules exigües et obscures et y font leur cuisine ! Il n'y a pas, comme l'affirmait le garçon, que des locataires qui n'y rentrent

que pour dormir ! Il m'arrive, en suivant le long
corridor de mon étage, le soir, d'entendre à travers
la porte d'une chambrette, des bruits de fourchettes.
Parfois, chez mon voisin immédiat, j'entends préparer le poêle, battre les œufs. Plusieurs Italiens
comptent parmi les locataires : ce n'est pas surprenant, car il y en a un grand nombre dans le haut du
Faubourg. Deux indigènes d'Algérie y prennent gîte
également : ce qui est rare, car on n'en trouve que
très exceptionnellement dans le Faubourg, où très
peu de manœuvres sont employés.

Les « water », au pied de l'escalier, occupent un
retrait minuscule, à peine aéré, mais pourvu d'une
chasse d'eau qui fonctionne. L'escalier, étroit, tourne
court ; ses marches sont creusées par le frottement
innombrable des chaussures. Dans le long corridor,
aux murs de couleur brune, flotte, le matin surtout,
l'odeur de la vieille bâtisse. Quand les portes des
autres chambres sont ouvertes, elles me livrent le
secret du même dénûment : mobilier misérable,
saleté, jour gris et triste comme tout ce qu'il éclaire
à demi. Dans le trou de cave qui me sert de gîte,
l'atmosphère empuantie par la pourriture ambiante,
insuffisamment renouvelée par l'air, d'ailleurs vicié
déjà, qui arrive de la courette voisine, m'imprègne,
me poursuit même au dehors ; quand je rentre, je
retrouve l'odeur tenace, plus forte, plus prenante, à
faire chavirer le cœur ; malgré le soupirail toujours
tenu ouvert, un relent de pourriture hante à jamais
ce réduit. A travers le grillage et les barreaux, je
n'aperçois que trois murs noirs ; en me collant à la

paroi, au-dessous du rebord de ce qui me sert de fenêtre, j'entrevois, sur la crête du plus bas de ces murs,
un coin de ciel large comme la main. « *De profun-
dis* » ! Comme j'ai compris cette prière de l'âme
prisonnière de sa chair de souffrance et de péché, ce
cri de l'intelligence enténébrée d'erreurs et aspirant
avec angoisse à la lumière lointaine, perdue sur des
cimes inaccessibles qui s'entrevoient à peine dans
un suprême effort ! Et je retombe à mon sort ; je me
résigne ; je songe à la chambre contiguë, qui est pire
encore, n'ayant pas même de soupirail ; elle ne reçoit
d'air que du corridor, lorsque la porte est ouverte, et
de jour que par une imposte sur ce corridor qui n'est
lui-même éclairé que par les impostes de ma chambre
et de deux chambres voisines. Mon étroite couchette,
la vieille commode si malpropre que je n'ose lui
confier mon linge, la table de toilette tachée et si
étroite qu'une petite cuvette et un petit pot d'eau la
recouvrent entièrement (je n'ai ni broc ni seau et
l'unique serviette est grande comme une serviette à
thé), un miroir grand comme la main, accroché au
mur, à l'autre coin, une tablette et une patère à
quatre têtes, avec une chaise disloquée, voilà mes
richesses, et elles me sont prêtées, même fort cher.
Entre la couchette et la porte, une ruelle, juste assez
large pour que je passe, et que je parcours en deux
pas. Voilà mon domaine, qui serait grand pour un
mort. Le soir, j'écris sur mes genoux : deux fois, une
punaise tombe du plafond sur mon papier. Une nuit,
j'en tue trois dans mon lit. Un matin, au réveil, j'en
surprends une sur mon oreiller. Un autre matin, sur

le mur. Si peu ! cela ne compte pas ! Le logeur avait
raison de me rassurer. Et son hôtel est si tranquille !
Jamais de bruit ! Le matin, de bonne heure, non loin
de moi, un réveil sonne ; dans le corridor, un pas
résonne en s'éloignant. A midi, c'est le silence de
l'abandon ; par le soupirail, des lueurs de crépuscule
mourant descendent avec peine jusque dans ma
tanière. Le soir, j'entends le pas d'un homme qui
rentre. C'est tout. Par le trou grillé, parfois m'arrive
le roulement lointain et léger d'une voiture ou la dernière onde affaiblie d'une rumeur voilée, qui est
comme la respiration du Faubourg. Rien d'autre ne
vient jusqu'à moi, en cette prison où s'épaississent,
à mesure que s'avance le soir, les ténèbres.

Le blanchissage est plus cher qu'à Charonne :

1 chemise	1.25
1 flanelle	1.25
1 caleçon	1.25
1 paire de chaussettes ...	0.40
1 mouchoir	0.15
	4.30

La collation du matin, si elle ne se réduit pas à une
tasse de café ou un verre de vin suivant l'usage le
plus ordinaire, consiste en un café au lait ou chocolat,
avec croissant ou petit pain ou morceau de pain, pris,
soit au bar, soit, rue du Faubourg, sous l'un des deux
porches qui abritent, le matin, une petite cuisine
improvisée. L'une des marchandes vend *Le Journal*

et le *Petit Parisien* ; l'autre, seulement *Le Quotidien* et *l'Humanité*. Les consommateurs s'assoient, nez au mur, à une table étroite et longue. Le bol de lait chaud, café au lait, chocolat, avec deux morceaux de pain, coûte o fr. 8o. Au bar, la tasse de café-crème ou chocolat, avec deux croissants, coûte, tantôt o fr. 8o, tantôt o fr. 9o.

Les petits restaurants de la rue du Faubourg sont nombreux et parfois coquettement tenus : l'un est tapissé de carreaux de faïence blanche ; un autre, peint de couleurs claires ; un autre aligne des petites tables de bois ciré ornées de fleurs ; autour des bouquets d'œillets, prennent place des travailleurs aux vêtements fatigués, fripés par un long usage, salis par l'atelier ; par les baies grandes ouvertes, c'est tout le bruit de la rue — tramways, taxis, passants — qui y fait invasion. Aucun supplément n'est prélevé pour non-consommation de vin. Un soir que je dîne dans un de ces restaurants modestes de la rue du Faubourg, voisins de l'hôpital Saint-Antoine, deux 'ouvriers, le père, environ quarante-cinq ans, le fils, dix-huit à vingt, ont pris place près de moi. Leur tenue accuse la différence qui sépare deux générations. Le père porte une casquette plate à visière vernie ; il n'a ni gilet ni faux-col et cravate ; son veston noir, de forme vulgaire, et son pantalon sombre, à rayures, sont très propres et prouvent son aisance comme aussi l'absence de toute préoccupation d'élégance. Le complet usagé, mais très soigné, du fils, est de coupe récente, et la casquette jockey de couleur grise, le gilet de laine avec grand col rabattu sur le veston, le faux-col mou et la cravate attestent le souci de suivre la mode. Il parle à mi-voix, son attitude est modeste et discrète, tandis que le père interpelle la servante ou parle à son fils d'une voix retentissante. « Donnez-moi, commande-t-il, mendiants-gâteau ! — Lequel des deux ? interroge la fille de service. — Mais mendiants-gâteau ! — Ce sont deux desserts distincts. Choisissez. » Il regarde la carte : « Ah ! je n'avais pas vu la vergule. — On dit : virgule, papa », fait, doucement, le jeune homme... Du fond de la salle, s'élève une voix claire ; un ouvrier explique à son voisin le mécanisme du régime socialiste : « Un socialiste, s'il a pris deux pommes, en mange une et garde l'autre ! » Son camarade répond, d'un air résigné : « Mais tout le monde est socialiste, aujourd'hui. On y est obligé. On y arrive. »

Une autre fois, deux ouvriers — vingt et trente ans — achèvent leur repas près de la table où je prends place. Le plus âgé disant : « Cette chose horrible qu'est la guerre... », l'autre l'interrompt : « On aurait dû se faire payer tout de suite par l'Allemagne, dès l'armistice, ou bien continuer à lui faire la guerre jusqu'à ce qu'elle paie !... Mais c'est pas pour nous qu'on s'est battu, c'est pour les capitalistes, pour ceux qu'avaient du *pèze* (1) dans leur poche ! — Et maintenant, reprend le premier, nous sommes envahis par les étrangers. Qu'est-ce que t'entends parler dans le Faubourg ? Italien, espagnol, polonais ! Sans compter les Allemands qui se font passer pour Polonais ou pour Suisses !... ».

(1) De l'argent.

§ 2

AUX PORTES DU FAUBOURG

a) Un atelier de menuiserie d'art

Tout au fond d'une des très nombreuses « cours »
qui se creusent, mêlées d'impasses et de passages, au
sein des îlôts d'immeubles de l'entrée du Faubourg,
se dresse un bâtiment neuf, à multiples étages où
une lumière abondante pénètre par de larges baies
vitrées. Une scierie occupe le rez-de-chaussée ; des
ateliers de tapissiers, d'ébénistes, de sculpteurs sont
installés aux divers étages ; tout en haut, deux vastes
salles sont louées à un atelier de menuiserie d'art.
C'est là que je suis embauché comme garçon d'atelier. La tâche du garçon d'atelier consiste, le matin,
avant l'arrivée des compagnons, à allumer le feu et
faire chauffer la colle ; le soir, à balayer l'atelier après
le départ des ouvriers, et, tout le long du jour, à faire
les manutentions de bois, descendre les pièces bru-
tes refusées et les pièces ouvrées, monter les planches et poutrelles après avoir aidé à décharger la
voiture de livraison. Il y a soixante-quatorze mar-

6

ches à gravir de la cour à l'atelier, trente et quarante fois par jour, sous de lourds fardeaux.

Mon salaire est de trois francs l'heure. Les hommes
de métier gagnent de quatre à cinq francs. Comme
je dois arriver une demi-heure avant les ouvriers et
partir une demi-heure plus tard, je fais cinquante-
quatre heures par semaine, et non quarante-huit,
soit dix heures pendant quatre jours, neuf heures le
lundi et cinq heures le samedi. Les ouvriers travaillent de sept heures trente à midi et de une heure
trente à six heures.

A l'entrée et à la sortie, il n'y a ni contrôleur ni
appareil de contrôle, condition du bon fonctionne-
ment des usines, mais superflue pour les petits ateliers. Le contre-maître constate la présence de ses
hommes. Et tout se passe correctement, sans qu'un
écart d'une ou deux minutes serve de prétexte à chi-
cane.

Une vingtaine d'ouvriers travaillent dans chacune
des deux salles de l'atelier. La plupart viennent au
travail dans une tenue assez négligée : généralement
sans faux-col, vêtus d'effets fort usagés, portant même
parfois, mais par exception, un pantalon de velours.
Quelques-uns cependant soignent leur tenue de ville,
qui est alors très correcte, mais très simple, même
chez les jeunes gens, sans grande recherche d'élégance : par exemple, un complet gris, un faux-col
mou, une cravate et une casquette jockey ; quelquefois, un complet bleu marine, le pantalon relevé sur
le soulier découvert ; ou bien, très simplement, un
feutre noir, un veston sombre et un pantalon de toile

bleue. On devine surtout un grand souci d'ordre et d'économie. Quelques quadragénaires s'habillent à la façon de modestes employés. Trois d'entre eux ont même l'air, quand ils sortent, avec leur visage aux traits fins et intelligents, leur tenue simple, mais soignée, de petits bourgeois, boutiquiers ou rentiers. Mais le plus grand nombre, surtout les vieux, sont fort mal vêtus : l'un d'eux, un Belge sexagénaire, porte un pantalon de toile bleue très usagé, décoloré, un veston fripé dont les coins pendent aux genoux, une casquette très sale, avec, en bandoulière, une musette gonflée par le pain et les aliments dont il fait son repas et qui lui donne l'air d'un trimardeur portant besace. Sur le nez de quelques-uns, chevauche lorgnon ou lunettes. Presque tous gardent la moustache ; plusieurs, une barbiche ; les jeunes sont complètement rasés. A l'atelier, la plupart travaillent en manches de chemise, avec une cotte bleue munie ou non d'une pièce de tablier fixée par des bretelles ; d'autres enfilent un gilet noir à manches ; d'autres, une combinaison bleue ou marron ; presque tous quittent leurs souliers et chaussent des espadrilles ou bien des pantoufles de drap à semelles de cuir. Ils se contentent de reprendre leur veston pour sortir entre midi et une heure trente, s'ils déjeunent dans le voisinage immédiat. En entrant dans l'atelier, chacun dit : « Bonjour, Messieurs ! » ou adresse un « Bonjour, Monsieur ! » à son voisin. En partant : « Bonsoir, Messieurs ! »

L'installation de l'atelier est moderne : une grande clarté baigne les salles. Les établis se succèdent le long des fenêtres. On entend sans cesse le grattement des rabots ou des scies à main qui fait, dans l'atmosphère paisible de ce lieu de travail, un bruit léger. Les bois — planches ou poutrelles — s'entassent, à demi travaillés, le long du mur où ils mettent leurs tons dorés et leurs nuances rosées ou fauves. Des pilastres Louis XVI, cannelés, coiffés de chapiteaux à feuilles d'acanthe, s'alignent dans un coin ; dans un autre, un pilastre Louis XIV déroule ses élégants et sobres festons.

Les garçons d'atelier qui travaillent dans l'immeuble ont coutume de se réunir autour du comptoir d'un *bougnat* (1) voisin. « ... J'ai vu, dit l'un d'eux, un vicaire habillé en civil, en veston... — Tiens ! interrompt son voisin, ils exercent leur profession de curé et puis, après, ils s'habillent comme tout le monde pour aller... Dame ! la nature est là et ils font comme les autres... » Le garçon d'atelier de l'autre salle de menuiserie d'art intervient alors dans la conversation : « A l'hôpital Saint-Antoine, c'est empoisonné de *sidis*. — Ah ! ne me parle pas des sidis ! Ah ! là là ! ils ont la peste dans le corps ! — J'y ai été bien soigné, à Saint-Antoine. Il y a un docteur, il a la bouche de travers, mais ça l'empêche pas d'y voir clair !... Celui-là, qu'y dit, il a rien du tout ! Il voit ça tout de suite et il le fait filer ! Mais les autres, il les soigne, et bien ! J'ai été bien traité pendant ma maladie. La comtesse de La Rochefoucauld venait voir les malades : elle me donnait des tablettes de

(1) Auvergnat, marchand de vin, bois et charbon.

chocolat et vingt sous. Ces dames qui nous visitent comme ça, c'est pour se distraire... Les camarades se sont cotisés pour moi pendant ma maladie : ils m'ont remis deux cents francs. Ah ! on se tient tous ici ! » Et, se tournant vers moi : « Vous serez tranquille dans cette maison. C'est l'bon filon, cett' boîte-là. »

Un propos semblable me sera tenu, à la rentrée de une heure trente, par un compagnon menuisier, d'une trentaine d'années : « J'en ai fait, des *singes* (1) ! me confie-t-il. A la campagne, j'ai travaillé dix et onze heures pour gagner moitié moins qu'ici en huit. Le filon est bon. C'est une place à devenir vieux. » Et, tout de même, il s'y trouve des énergumènes, car je relève, aux cabinets, ces inscriptions : « La Révolution sera la libération de la classe ouvrière. » — « La Jaunise (*sic*) (sans doute : les jaunes) doit être mise en quarantaine. » — « Vive Lénine. » Mais cette dernière formule a été énergiquement biffée.

Les apprentis se montrent polis et complaisants, même pour le simple manœuvre que je suis. Si l'un d'eux se trouve près de la porte lorsque j'y parviens chargé de bois, il me l'ouvre et en retient le battant pendant que je passe. S'ils prennent le pas sur moi, ils disent : « Pardon, Monsieur. » Un de ces adolescents, ayant besoin de faire scier une pièce de bois — et il est alors de ma fonction de la descendre à la scierie — me demande poliment : « Voulez-vous me porter ça à scier, s'il vous plaît ? »

Les compagnons, naturellement, donnent l'exem-

(1) Patrons.

ple de cette politesse qu'ils obligent les apprentis à pratiquer. Un jour que je travaille dans la cour à décharger la voiture, un des menuisiers, descendu pour voir si des pièces qu'il attendait étaient enfin livrées, me voit en charger une partie sur mon épaule. Il prend les autres, disant : « Je remonte. Je peux bien faire ça. » Par complaisance et bonne camaraderie, il m'évite de faire pour lui un second voyage. Fait d'autant plus digne de remarque que cet homme est un ouvrier de métier et que je ne suis qu'un manœuvre. Mais aucun des compagnons n'affiche de dédain pour les humbles garçons d'atelier, leurs serviteurs : ils leur parlent assez volontiers et amicalement. Un menuisier sexagénaire me raconte que, le soir, il fait un cours à l'école professionnelle du Faubourg, fondée et subventionnée par les Syndicats ouvriers : « Les patrons en ont créé une autre. Mais chacun son bifteck ! Chaque soir, de sept à neuf, cent soixante apprentis fréquentent notre école... Ah ! ça ne pense qu'à jouer !... J'ai été jeune : je sais ce que c'est. Mais, tout de même, il faut les tenir !... C'est comme ici !... Le petit, que vous voyez » (il me désigne un apprenti, d'une quinzaine d'années) « il est très appliqué à son travail. Les autres voudraient toujours jouer. Un jour, ils lançaient des fléchettes et j'ai manqué d'en recevoir une. Je leur ai flanqué une bafre !... C'est pas qu'ils soient méchants : mais il faut leur faire comprendre qu'ils aient à se tenir tranquilles... Et puis, ils s'imaginent tout savoir, n'avoir pas besoin d'apprendre, et ils ne savent rien du métier !... »

Un ouvrier âgé me met en garde contre le garçon d'atelier de l'autre salle : « Faites attention qu'il ne vous prenne pas votre colle ! Ça arrive. Ah ! pour s'épargner de la peine, que ne fait-on pas ! Et puis, si vous ne le surveillez pas, il vous laissera coltiner ses pièces de bois. Se débrouiller sur le dos des patrons, soit ! mais pas au détriment des copains... Ah ! l'égoïsme est toujours là ! On essaie bien de réformer les hommes. Mais... » Lui-même n'en a-t-il pas besoin ? N'obéit-il pas à un égoïsme de classe — celui que prêche la théorie fratricide de la lutte des classes — lorsqu'il affirme la nécessité de la solidarité entre « copains » et l'inutilité de la probité professionnelle à l'égard des patrons ? Son souci de moralité dans les rapports sociaux se rétrécit au groupe le plus prochain, la classe salariée ; qu'il se réduise à la considération du groupe encore plus étroit de la famille et le voilà qui augmente la confusion et le désordre dans la société ; qu'enfin il disparaisse complètement : alors l'individu ne cherche plus qu'à se sacrifier à lui-même tous les autres. Aussi bien cette extrémité regrettable est-elle atteinte facilement, et ici même : un jeune ouvrier d'une vingtaine d'années, rentrant après une semaine d'absence, constate que sa veste bleue de travail, qu'il avait laissée sur la planche inférieure de son établi, lui a été dérobée.

Un jeune compagnon — une trentaine d'années à peine — m'arrête, comme je passais avec mon balai près de son établi : « Vous êtes bien tombé, ici. C'est pas une mauvaise maison. C'est même la maison du bon Dieu. — Oui », appuie son voisin, un homme plus que quinquagénaire, « c'est une bonne place. On est bien payé et on n'est pas em... bêté. » Et, quelques heures plus tard, un ouvrier, de quarante à cinquante ans, m'interpelle à son tour : « Ah ! on n'est pas embêté dans cette maison !... par personne !... On n'a qu'à faire tranquillement son petit travail. Personne ne vous dira jamais rien. On peut rester tant qu'on veut. Le patron ne vous renverra pas... » Jusqu'à un apprenti qui me donne le même témoignage de satisfaction générale : « Arrangez-vous pour rester ici. C'est une bonne *tôle*. »

Chaque matin, le travail commence à sept heures trente. Mais j'arrive à sept heures pour préparer la *sorbonne*, comme ils appellent la grande cheminée à manteau où la colle fond et se tient chaude. Dans un angle du foyer, sur un lit de sciure et de copeaux, je place les plus gros fragments de bois de rebut que j'ai pu récolter et je les entasse sur plusieurs rangs de façon à former une masse de petites bûches qui, recouverte de copeaux et de cendres, se consumera lentement au cours de la journée ; contre le tas compact, je fais un feu vif avec des petits débris de bois et j'y dépose, sur leurs trépieds, les bains-marie où plongent les pots de colle. Telle est la façon traditionnelle de « préparer les sorbonnes ». Tout le jour, je devrai veiller à ce que les pots soient toujours remplis de colle, le bain-marie alimenté d'eau, le feu entretenu. Faute d'eau, la colle brûlerait. Faute de colle, les compagnons, le plus souvent, devraient interrompre leur travail. Tous les dix jours environ, la provision de gâteaux de colle doit être renouvelée. Je prends alors dans un sac de la colle en lames, dans un autre du « nerf » en lames, en observant une certaine proportion entre ces deux produits. Après avoir placé entre deux morceaux de toile ces plaques gélatineuses desséchées, je les passe dans l'eau pour les laver et je les entasse ensuite dans un grand bassin que je remplis d'eau. Je fais cuire le tout au bain-marie pendant huit heures. Le produit obtenu est versé dans une bassine large et peu profonde, préalablement enduite d'huile de lin, et qui sert de moule. Après refroidissement, un large gâteau rectangulaire est obtenu, qu'il suffira de découper en morceaux suivant les besoins du jour.

Presque toute la journée, je suis employé au coltinage des pièces de bois. Il en est de fort lourdes et dont le contact est douloureux à de maigres épaules. Un homme qui n'est pas entraîné à ce genre de travail en éprouve une fatigue profonde. La manière de placer les planches ou poutrelles sur l'épaule atténue l'effort qu'il faut faire. Pour ménager leurs forces, les coltineurs, si fortement charpentés et musclés qu'ils soient, transportent sans hâte leurs fardeaux. L'ascension répétée des longs escaliers ajoute un surcroît de fatigue considérable et brise les jarrets. La plupart des bâtiments neufs divisés en ateliers, dans les ruelles, impasses, passages et cours du Faubourg, sont aujourd'hui pourvus d'un monte-charges qui rend à ce point de vue les plus appréciables services.

Le soir, après le départ des compagnons, je passe une demi-heure à balayer l'atelier. Sous et entre les établis, je ramasse les copeaux qui jeutrent le sol, j'en fais des tas et je les charge ensuite dans une manne que je vais vider dans un enclos de planches qui forme en un coin de la salle une sorte de caisse de très vastes dimensions. Cette réserve sert à alimenter, dans la journée, le feu de copeaux dont les ouvriers ont parfois besoin pour sécher des tablettes. Quand je reste seul dans la vaste salle devenue déserte et que je la nettoie en hâte, j'entends souvent, d'un atelier voisin où des ouvriers du bronze d'ameublement, sentinelles avancées de la « Popinqu' », font une heure supplémentaire, monter dans la clarté dorée de l'après-midi finissant une voix de ténor souple et moëlleuse, qui, portée sur l'aile des notes aériennes, va réveiller chez les « vert-de-gris » la nostalgie harmonieuse, l'inépuisable mélancolie cachée au fond des cœurs humains : romances sentimentales, airs populaires, tout pénétrés de douceur et de regret, plainte enchantée, soupir résigné, combien différent de l'ardent et douloureux chant populaire espagnol, oriental ou moresque, passionné et tragique, finissant court sur une note éperdue, brusquement tranchée par le silence, comme le sanglot d'une corde de violoncelle qui se brise.

Quelques rares compagnons lisent leur journal, dans la cour, après déjeuner, avant de gravir l'escalier. Un homme d'une cinquantaine d'années lit *L'Œuvre* ; un autre, *Le Quotidien*. C'est en rentrant à l'atelier, en changeant de vêtements devant le placard où ils accrochent leurs effets et en prenant place à l'établi que les ouvriers échangent le plus volontiers leurs propos. Entre trois ou quatre d'entre eux qui s'y complaisent, c'est d'ordinaire un feu roulant de plaisanteries ordurières. D'autres se taquinent. Ils interpellent un jeune compagnon, déjà bedonnant : « Eh ! cent-kilos ! tête de lard ! gros plein de... ! » (pas de soupe). L'un se plaisante lui-même : « Quand j'étais gosse, ma mère a usé six pièces de bougies pour passer la nuit à me regarder, tant elle me trouvait beau !... — Ben ! t'as rudement changé ! » Un autre ironise à son propre sujet : « Moi, j'ai une physionomie sympathique. Aussi tout le monde m'apporte du boulot... tout le monde..., si bien que je n'en manque jamais ! » Et un troisième : « Regarde-moi Oscar ! Il a été baptisé avec une queue de sardine ! »

Deux compagnons, un jeune — vingt-huit à trente ans — et un vieux — quarante-huit à cinquante — ont la funeste passion du pari aux courses ; en arrivant à l'atelier, ils mettent en commun leurs joies et leurs déconvenues. Un matin, le jeune a le nez long et la figure triste : « J'ai perdu dix francs pour avoir été battu de deux longueurs !... deux longueurs !... Et si j'avais gagné, j'aurais gagné deux cent quatre-vingts francs !... » Le vieux a gagné quarante-neuf francs avec douze francs cinquante : « Ça va me remettre à flot ! » s'exclame-t-il. Leurs voisins commentent la déveine de l'un, la veine de l'autre et s'émerveillent des fortes sommes parfois empochées par d'heureux joueurs. Le désir s'éveille en eux de tenter la fortune ; chacun incline à se croire capable de recevoir ses faveurs ; ils supputent les risques et se complaisent en imagination au mirage des profits faciles. A la rentrée de l'après-midi, c'est encore le thème favori de leurs conversations. Le lendemain matin, les deux joueurs commentent encore les résultats de leurs derniers paris. Le vieux, raffermi par son succès, énumère avec abondance ses anciennes réussites et les heureux coups qu'ont valu à ses amis les excellents tuyaux qu'il leur communiquait. Un autre matin, il interpelle son camarade : « T'as acheté *La Veine ?* — Non, mais j'ai *Paris-Sport* d'hier soir. » A la rentrée de l'après-midi, ils se communiquent les noms des chevaux sur lesquels ils ont joué et en discutent les chances.

Deux autres compagnons, les plus correctement vêtus, l'air légèrement distant, entrent ensemble : « Le clocher de Champigny », dit l'un, qui habite la banlieue, « ils ne l'ont pas encore réparé. Il va s'écrouler. — Oh ! » répond l'autre avec ironie, « il y a comme ça certaines choses classées : il ne faut pas y toucher. »

« Ah ! » s'écrie, en arrivant un matin dans l'escalier, un compagnon, « que je voudrais donc être riche, Nom de Nom !... » Ce désir est exprimé, une autre fois, par un vieil ouvrier : « Quand donc qu'on deviendra riches, nous autres ? » me demande-t-il. Ces vieux qui touchent au terme de leurs forces, que vont-ils devenir, demain, après-demain, lorsqu'elles auront trop décliné ? Ils plaisantent quelquefois entre eux sur ce sombre avenir qui est leur lot et qu'ils ne peuvent éviter. Ils s'interpellent : « Est-ce que tu vas bientôt te retirer des affaires ?... avec tes rentes ! » Et, volontiers aussi, ils évoquent l'image de la mort qui les guette : « A lundi ! » me dit un vieux « ...si la mort n'est pas venue... Elle vient si vite... » La voilà, leur retraite, la rente qui leur est servie lorsqu'ils se retirent des affaires.

« J'ai lu dans les journaux, s'écrie un des camarades, que, dans un accident de voiture, un fou avait recouvré la raison. Ça, c'est un peu fort ! — Mais non, remarque très justement un autre, la commotion peut causer la folie ou la faire disparaître. » Un troisième intervient : « Les.fous, dans les asiles, on les fait travailler sans les payer. On les exploite. » Ainsi est réintroduite dans la conversation l'idée, répandue dans tout le monde ouvrier, du travail « exploité », faute de rémunération ou de rémunération suffisante.

Je viens de monter des pièces de bois d'acajou. « Ce bois est cher, me dit le compagnon. Il arrive d'Amérique. Rendu au Hâvre, il coûte deux francs cinquante le kilo. — Pourquoi ne pas le tirer de nos colonies ? — Nos colonies ! Elles ne servent qu'aux capitalistes étrangers ou bien à engraisser des fonctionnaires ! » C'est une critique de la mauvaise gestion gouvernementale, jugée du point de vue des intérêts nationaux.

Un vieux à lunettes vient d'achever de monter un cadre. Il se tourne vers son voisin, le visage au beau milieu du cadre, et lui dit : « Sais-tu ce que ça représente ? L'Amour encadré ! — Oui, le Père-Lachaise ! » réplique l'autre vivement.

Je tourne autour des établis, cherchant les morceaux de bois de déchet pour en alimenter le feu :

« Je puis prendre ceux-ci ? — Mais oui ! C'est du bois pour le feu..., des armes à feu ! » répond en riant le compagnon. « Tenez ! ajoute-t-il, débarrassez-moi donc de tous ces *serre-joints*. Allez les accrocher avec les autres. » Le « serre-joint » est une pièce de bois taillée en crémaillère et munie, à une extrémité, d'une vis en bois ; il permet de tenir étroitement serrés deux morceaux d'un meuble ou d'une boiserie qui ont été assemblés après avoir été enduits de colle. Tout atelier d'ébénisterie ou de menuiserie possède un très grand nombre de ces instruments, de dimensions variées, dont il est fait, à tout moment, grand usage, et qui sont pendus à des traverses disposées dans un coin à cet effet. Près de son établi, à portée de main, chaque ouvrier a ses outils personnels, et, tout le long du jour, ils scient, rabotent, poncent, collent, ajustent, montent. Plusieurs boivent, au cours de la séance de travail, une chopine de vin. L'exercice du métier d'ébéniste se concilie avec la plus grande propreté : les mains et les vêtements ne risquent d'attraper ni huile, ni graisse, ni cambouis ; un peu d'eau sur les mains et elles redeviennent nettes aussitôt.

La pratique de ce métier offre cet autre avantage d'introduire celui qui s'y livre dans le domaine des préoccupations artistiques, de former et d'affiner son goût. La menuiserie d'art a pour objet la décoration intérieure des appartements en lambris, portes, cadres de glaces, qui sont traités avec autant de soin et de minutie même que s'il s'agissait de meubles de prix. Quelques réflexions spontanément émises en ma pré-

sence montrent en ces modestes ouvriers des connais-
seurs avertis, des amateurs même de ces belles choses. On est en train de monter de magnifiques portes
de style Louis XVI ; les cadres des grands panneaux,
décorés de perles et de feuillages, sont très finement
sculptés, les petits panneaux étalent de délicats feuillages fleuris. Les ouvriers qui les montent manifestent leurs sentiments d'admiration pour cette œuvre
et m'invitent à les partager. Un jeune ouvrier de vingt
ans travaille à un grand cadre de glace de cheminée,
de style Louis XV, haut de trois mètres, et destiné à
être richement sculpté ; je lui fais observer que cette
belle pièce, de dimensions inusitées, suppose un
salon fort vaste : « Ça coûtera chaud à l'acheteur.
— Il faut bien qu'il y ait des gens comme ça », me
répond-il avec beaucoup de bonne grâce et de bon
sens. Des chapiteaux corinthiens, remarquablement
travaillés, arrivent de chez les sculpteurs ; un compagnon, d'une cinquantaine d'années, s'écrie, en les
voyant : « Si ça n'est pas fouillé, ça, je n'y connais
rien ! »

Un des ouvriers travaille à de magnifiques pilastres Louis XVI sculptés dans du vieux chêne. « Quelles
belles pièces ! » lui dis-je. Il me répond : « Celui
qui les a fait faire sait ce qu'elles lui coûtent ! — Un
gros prix ? — Ah ! mais oui ! Et prix doublé parce
qu'il a voulu du bois de chêne ancien ! — C'est pour
un hôtel particulier ? — Oui, un fou !... » Il serait
à souhaiter qu'il y eût beaucoup de fous de ce genre
et que tous les menuisiers d'art fussent assez sages
pour admirer cette folie à qui notre société doit sa

parure et ces ouvriers de bons salaires. Traiter de
fou celui qui emploie ses ressources en œuvres d'art
ou décorations de style témoigne chez cet homme, ou
bien d'une absence complète de sentiment artistique et de sens professionnel, ou d'une animosité contre les gens fortunés qui ne s'explique que par des
convictions révolutionnaires. Un autre jour, ce compagnon — trente-cinq ans environ — me répète :
« Oui ! il a voulu du vieux bois : ça doublera le prix.
— Enfin ! dis-je, il fait de son argent un heureux
emploi, qui porte profit aux ouvriers d'art, à vous
en particulier. » Il me répond : « Mais c'est du superflu et il serait plus juste de ne penser à s'offrir le
superflu que lorsque tout le monde a déjà le nécessaire. » Belle maxime. mais dont la tentative d'application légale (socialisme) aboutirait à priver tout
le monde même du nécessaire. Et que doit-on appe-
ler superflu ? La suppression de tout superflu ne nous
réduirait-elle pas à la condition de l'homme des
cavernes ?... « Il est quatre heures et demie, lui dis-
je. Dans une demi-heure, aujourd'hui » (un lundi)
« vous allez sortir. — Déjà ?... » (le cri du bon
ouvrier, qui aime le travail et s'y donne tout entier).
« Ah ! la journée de huit heures, c'est vraiment le
rêve : on quitte le travail sans être fatigué, comme il
arrive au bout de la neuvième heure, et on peut,
dehors, respirer un peu l'air... Ah ! si on ne la sabo-
tait pas, la journée de huit heures !... — Mais on ne
la sabote pas en France ! C'est la France qui l'observe
le mieux ! En Allemagne, ils travaillent dix heures,
et, en Russie, quand il y a du travail, douze ! » Après

quelques secondes de silence, il me répond : « Je ne suis pas nationaliste pour deux sous ! Mais il faut reconnaître qu'il n'y a pas de pays qui vaille le nôtre. Sinon, comment expliquer que tous les étrangers viennent de partout travailler chez nous ? Ils y viennent et ils y restent : c'est donc qu'ils s'y trouvent mieux qu'ailleurs ! Et nous les accueillons si bien ! Nous ne prêtons même pas attention à ce fait qu'ils sont étrangers... Ce que j'envie aux Allemands, c'est leur méthode et leur discipline : voilà le seul moyen de réussir dans ce qu'on entreprend. Mais les peuples ont des caractères différents. Il y a des gens qui nient les différences de race ! Comme je le disais à un communiste qui prétendait qu'elles ne se distinguent que par la couleur de la peau, simple effet du climat, un Anglais, un Allemand, un Espagnol, un Français diffèrent entre eux par le tempérament, par les manières de penser et d'agir, et, à plus forte raison, des Chinois et des nègres... » (Et il « n'est pas nationaliste pour deux sous » !) « ... Tenez, par exemple, les Anglais, pour la propriété, eh bien ! chez eux, ça n'est pas comme chez nous : vous achetez en Angleterre un immeuble, vous n'en êtes propriétaire que pour cent ans ; après, il revient au landlord. — Vous voulez dire, sans doute, que les Anglais peuvent faire, tout comme nous d'ailleurs, et font parfois des conventions de ce genre... — Du tout ! C'est toujours ainsi, en Angleterre ! Du moins, je puis vous certifier que c'était la loi anglaise avant la guerre. Depuis, elle a peut-être été changée : il y a eu tellement de bouleversement partout ! Ainsi... je ne sais

pas non plus si maintenant c'est encore de même...
mais, avant la guerre, on ne pouvait pas aller en
Angleterre avec un chien : les Anglais veillaient tellement sur la pureté de la race de leurs chiens qu'aucun chien étranger ne pouvait pénétrer dans leur
pays... » On surprend ici l'influence de conversations
ou de lectures qui n'ont laissé que des souvenirs
confus et déformés, erreurs qu'il affirme avec autant
d'énergie que son amour du pays, placé au-dessus de
tous les autres, bien qu'il se défende de la moindre
tendance nationaliste. En balayant, un jour, autour
de son établi, je suis amené à lui dire que je m'in-
téresse aux questions syndicales. Il s'arrête subite-
ment de travailler et, avec vivacité : « Ah ! s'exclame-
t-il, vous vous occupez des questions syndicales ?...
Moi aussi... » Puis, comme s'il craignait d'en avoir
trop dit, il se mord les lèvres et se remet à son
ouvrage. Il ne m'en a plus jamais soufflé mot. A-t-il
craint de se compromettre ? Que pense-t-il ? Quel rôle
caché joue-t-il ou se prépare-t-il à jouer dès que
l'heure favorable sera venue ? Mystère. Ainsi naissent, se développent et se multiplient les « cellules »
communistes.

Les charges de bois que je transporte du matin au
soir ne me meurtrissent plus l'épaule et le bras, qui
sont maintenant durcis. Mais ce sont mes mains qui,
à manier des pièces de bois souvent fort lourdes,
deviennent très douloureuses ; les muscles interos-
seux, atrophiés, se développent par l'effort, grossis-
sent et distendent les articulations. C'est surtout la
nuit et le matin que j'en éprouve l'effet, perçu confu-

sément lorsque le sommeil devient moins profond et nettement au réveil. En montant avec lenteur de la cour à l'atelier, je parviens à obtenir de mes jarrets tout l'effort qu'ils doivent fournir pour gravir chaque jour deux à trois mille marches. Quand je rencontre dans l'escalier un garçon d'un autre atelier, il m'indique parfois le meilleur moyen — celui qu'il tient d'une longue pratique personnelle — de porter une pièce de bois pour qu'elle pèse moins sur l'épaule. Ces garçons des ateliers de l'immeuble remplissent leur fonction en silence, avec ponctualité, sans récriminations. A la fin de notre travail, nous nous réunissons chez le « bougnat » pour boire un verre ; chacun, à tour de rôle, paie sa tournée : « Quand on reçoit un ordre, dit l'un d'eux, il n'y a qu'à l'exécuter sans rouspétance. » Un autre : « Quand il y a un lot de bois à coltiner, je le coltine sans arrêt. Mon travail terminé, je suis tranquille et, s'il se passe dix minutes sans qu'on me commande quelque chose, alors je me repose un peu. De cette façon, je n'ai jamais de retard. » Un matin, un des hommes de peine tient à offrir une seconde tournée qui n'est refusée que par l'un de nous, un manœuvre de vingt-sept à vingt-huit ans. Il déclare qu'un verre lui suffit et, comme son compagnon insiste : « Non ! » réplique-t-il, la main étendue sur son verre. « Je t'ai dit qu'un seul me suffit, tu ne me feras pas changer ».

Les nombreuses inscriptions qui couvrent les murs des *water*, aux différents étages, renseignent utilement sur l'état d'esprit des ouvriers. Comme beaucoup savent dessiner et que l'homme est toujours porté à faire de ses plus beaux dons un mauvais usage, on y relève une quantité de croquis obscènes, particulièrement variés et répugnants, qui témoignent d'imaginations lubriques, vicieuses et fort cultivées dans le vice ; leur influence sur les apprentis ne peut être que pernicieuse. Presque toutes les inscriptions accusent des convictions révolutionnaires : « La patrie est la mère des capitalistes ». — « Deux classes : exploiteurs et exploités ». — « A bas la société des bourgeois ». — « Ne vous endormez pas avant de lire *l'Humanité*, qui jette la lumière sur nos exploiteurs ». — « Lecteurs du *Petit Parisien* + ceux du *Journal* + *Matin* + *Echo de Paris*, etc., etc. = andouilles. » — « Vive les soviets ! » — « Vive l'organisation ouvrière ! » — « Travailleurs, syndiquez-vous ». — « Mort au vaches ». — « A bas le mercantilisme ! » (le régime des mercantis). — « Travailleurs, le pain augmente, le sucre de même, en un mot toutes les denrées de premières nécessités (*sic*), et tu ne fais pas lâcher du leste (*sic*) à ton patron. » — « Camarades, les patrons vont à Nice, Monte-Carle, et vous, vous ne pouvez pas payer votre loyer, vous supportez des privations multiples. Il y a quelque chose qui devrait bien changer. Réfléchissez ». — « Qui ne travaille pas ne devrait pas manger et surtout *voter* ». (N'oublions pas que, pour les travailleurs manuels, il n'y a de travail que le travail manuel). Quelques rares inscriptions proviennent d'ouvriers anti-socialistes : « Mort au communisme. » — « Le communisme est à la mode ». — « Viva Mussolini ! » (écrit par un ouvrier italien fasciste). Parfois, une conversation s'engage entre communistes et anti-communistes : « Demandez à J. Hennessy, de *l'Œuvre*, de partager un de ses nombreux millions, puisqu'il est socialiste ».

« Un socialiste à la Hennessy n'ira jamais en prison et n'est pas du tout séditieux donc ! ! ! »

« D'ailleurs, il y en a 592 comme lui à la Chambre, re-donc ! »

« C'est un peu dur pour les socialistes, Cachin et consorts, re-re-donc ! »

Un communiste répond : « Il en faudrait pas mal comme Cachin, à la Chambre. D'ailleurs, camarade, il n'y a pas que 592 députés à la Chambre, et Cachin et consorts ne sont pas des socialistes à la J. Hennessy ».

Et ce dialogue :

« Le communisme combat deux ennemis : la bourgeoisie et une bonne partie de la classe ouvrière qui ne pense pas comme eux. Et c'est *logique*, s'inspirant de l'esprit de classe. Donc, ennemis de quoi ? de qui ? ? De la classe ouvrière et du progrès. Le communisme est vie, mais sa mort est proche ».

« Il ne faut pas vendre la peau de l'ours moscovite avant de l'avoir tué, prophète de malheur ».

« Le centre de gravité de notre grande cause est dans notre culture. — Lénine. »

« Très bien ».

b) Logis et restaurants

Pour travailler à l'atelier de menuiserie d'art, je suis venu habiter à l'entrée du Faubourg, au bas de la rue de Charonne, dans un garni très modeste, installé dans un vieil immeuble et d'ailleurs soigneusement tenu. Le patron m'examine longuement et rumine sa réponse ; enfin, il consent à me dire qu'une de ses chambres est inoccupée. J'avais déjà frappé vainement à plusieurs portes. Cette chambre, louée vingt-cinq francs par semaine, est située au second étage, au fond d'une petite cour qu'entourent de vieux bâtiments peu élevés, à deux ou trois étages, de sorte que je ne manque ni d'air ni de lumière. L'escalier est étroit, raide, obscur. Ma chambre mesure trois mètres sur deux mètres cinquante. Elle est carrelée, éclairée à l'électricité, meublée d'une couchette en fer, d'un tabouret, d'une petite table en bois blanc, d'une table-toilette avec broc, seau, cuvette ; une petite glace et un porte-manteau à six têtes sont fixés au mur. « Y a-t-il des punaises ? — Je ne le crois pas, répond le logeur, car j'ai soufré. Mais, si vous en trouvez, dites-le moi ; vous me rendrez service ; je ferai le nécessaire ». Plusieurs nuits de suite, j'en ai tué entre trois et cinq. Le logeur, averti, a fait de nouveau brûler du soufre dans la chambre et j'ai été délivré des parasites. Les *water* sont installés dans un coin de l'escalier ; ils occupent un réduit exigu et sont dépourvus de chasse d'eau. Quelques célibataires habitent cet hôtel, mais surtout des familles, dont plusieurs sont étrangères, des italiennes et des juives. Chacun s'enferme chez soi et y vit très retiré. On n'entend jamais de bruit.

Dans les restaurants, je rencontre quelques Espagnols, parfois des Slaves, une fois un Chinois, mais beaucoup de Juifs et surtout des Italiens. Un restaurant à prix fixe est installé dans le bas de la rue du Faubourg ; le repas y coûte 3 fr. 75, mais, pour beaucoup de plats, un supplément de vingt-cinq ou trente centimes est perçu. Tous les autres restaurants populaires, à l'entrée du Faubourg, sont à la carte et l'on n'y peut manger suffisamment sans dépenser moins de quatre à cinq francs. Par exemple, chez un de ces marchands-de-vin-restaurateurs, je fais le repas suivant :

```
Hors-d'œuvre : maquereau vin blanc....   1. »
Viande : cervelle au beurre noir ........   2. »
Légume : riz ...........................   0.70
Fromage : suisse ......................   0.70
        (pas de dessert)
Pain : deux morceaux ...............   0.50
Vin : un quart de rouge ...............   0.55
Pourboire ...........................   0.25
                                        ————
                                        5.70
```

A côté de moi, un apprenti, de treize à quatorze ans, a payé pour son déjeuner 4 fr. 40 ; il a ajouté vingt-cinq centimes de pourboire, ce qui fait, au total, 4 fr. 65.

En consommant seulement un morceau de pain, un quart de vin rouge, un hors-d'œuvre, une portion de viande, un fromage, je dépense 4 fr. 10, ce qui, avec le pourboire, fait 4 fr. 45.

Si je veux manger très économiquement, je dois me contenter d'un hors-d'œuvre, un légume, un fromage, un morceau de pain, et boire de l'eau. Pour un repas aussi frugal, l'addition monte encore à 2 fr. 65, ce qui, avec vingt-cinq centimes de pourboire, donne un total de 2 fr. 90.

Le blanchissage hebdomadaire, réduit au plus strict nécessaire, s'élève au même prix que précédemment : 4 fr. 45. Il est pénible de ne pouvoir changer de linge aussi souvent que l'exigerait ma besogne fatigante et salissante (poussière du balayage de l'atelier). Mais l'usure du linge par le blanchissage est rapide et blanchissage et linge sont chers. Aussi faut-il se résigner à ne changer de linge que le moins souvent possible.

Le coiffeur, dans une modeste boutique de la rue de Charenton, prend trois francs pour une coupe de cheveux sans lotion et deux francs cinquante avec lotion ; mais celle-ci coûte au moins un franc. Il faut ajouter à ce prix un pourboire de vingt centimes au moins.

Un établissement de bains-douches est ouvert au bas de la rue du Faubourg Saint-Antoine : le bain, avec un savon et une serviette, coûte un franc quarante et un pourboire de vingt centimes (1).

Pour faire face à toutes ses dépenses, de quelles ressources l'ouvrier du Faubourg dispose-t-il ? Les ébénistes gagnent couramment de 200 à 250 fr. par semaine de quarante-huit heures. Un petit nombre gagne une somme plus élevée. Ma semaine de cin-

---

(1) Il existe deux autres établissements de bains-douches, au milieu de la rue du Faubourg et, au delà du Carrefour Montreuil, dans la rue J.-Vallès.

quante-quatre heures à trois francs l'heure me rap-
porte 162 francs, ce qui me donne une moyenne de
27 francs par jour ouvrable ; en tenant compte du
chômage dominical, mon gain quotidien moyen,
pour chacun des sept jours de la semaine, est de
23 fr. 14. Avant la guerre, j'aurais gagné à peine
5 francs pendant chacun des six jours de la semaine
pour dix heures de travail, soit 30 francs donnant
pour les sept jours une moyenne quotidienne de
4 fr. 28. Je gagne donc cinq fois et demie plus
qu'avant la guerre, en travaillant moins longtemps et
alors que le prix de la vie est quatre fois et demie
plus considérable. Mon bénéfice est certain. Il faut
souhaiter qu'il en soit ainsi pour tous les ouvriers.
Les hauts salaires, permettant l'épargne et une
dépense plus considérable qui améliore les conditions
matérielles de l'existence, diminuent les motifs de
mécontentement des travailleurs en même temps
qu'ils accroissent l'intensité de l'activité économique
nationale. Mais il ne faut pas croire que, si mon
salaire s'est proportionnellement plus accru que la
cherté de la vie, ma situation ait cessé d'être très
modeste. Voici, en effet, comment peut s'établir le
budget d'un célibataire, manœuvre au Faubourg :
une année de 300 jours ouvrables me rapporterait
8.100 francs ; en vivant avec une extrême économie,
je devrais dépenser :

    Nourriture, 12 fr. par jour, pour
       365 jours .... 4.350 fr.
    Logement, 25 fr. par semaine,
       pour 52 semaines .... 1 300 fr.

Vêtement, linge chaussures ....   700 fr.
Blanchissage, 5 .'. par semaine..   260 fr.
Bain hebdomadaire et coupe de
    cheveux bi-mensuelle ....   160 fr.
Menues dépenses diverses, 2 fr.
    par jour ....'......   730 fr.
                                   ──────────
                                    7.100 fr.

Ce qui me permettrait d'économiser mille francs par an.

Mais beaucoup de manœuvres ne gagnent pas plus de 2 fr. 50 par heure.

L'ébéniste à 4 fr. l'heure, soit 32 fr. pour huit heures, gagne 9.600 fr. par an ; et l'ébéniste à 5 fr. l'heure, 12.000 francs.

Le budget des dépenses a été établi pour un célibataire vivant au restaurant. Pour une famille, les frais de nourriture par tête sont très réduits, mais toutes les autres dépenses très accrues.

Enfin, pour tous les ouvriers, manœuvres ou qualifiés, célibataires ou mariés ou pères de famille, leur existence de salarié présente, quels que soient le gain et la dépense annuels, le même caractère de précarité, la même incertitude du lendemain ; ils sont à la merci d'un chômage, d'une maladie, d'un accident, de la vieillesse, parce qu'ils sont isolés, prisonniers d'un individualisme mortel, et que leurs très modestes économies, dues à des prodiges de surveillance sur soi-même, à mille privations de tous les instants, fondent à la moindre épreuve.

§ 3

LA VIE DU FAUBOURG

a) Les artisans

Le Faubourg compte près de cinq mille petits ateliers où travaillent des artisans et des façonniers.

L'artisan achète et transforme la matière première.
Le façonnier travaille sur la matière première qu'un
fabricant lui fournit. L'un et l'autre fabriquent tout
ou partie d'un meuble, ou telle sorte de meuble, suivant leur spécialité. Ils travaillent seuls, ou en famille,
ou avec l'aide d'un apprenti et de un à cinq
« compagnons ». Le petit atelier familial comprend
l'homme qui fabrique, la femme qui vernit, et un ou
plusieurs de leurs enfants qui les aident, ou bien un
« arpète » pour faire les courses. Mais ce petit atelier
peut compter un ou deux ouvriers salariés, et même
trois, quatre ou cinq. Les artisans créent un modèle,
l'exécutent avec le bois qu'ils ont acheté et vendent
l'objet fabriqué au marchand qui tient boutique. Les

façonniers reçoivent du fabricant le bois à façonner
et le prix de la « façon » ; ils ont intérêt à n'employer que le moins possible de compagnons et aucun
s'il se peut ; sinon, ils perdraient de l'argent, ne recevant que la valeur de la « façon », qui est le salaire
de leur travail ; ce sont, en somme, des ouvriers en
chambre.

Le Faubourg compte moins d'un millier de fabricants proprement dits, qui font travailler généralement de cinq à vingt ouvriers et, exceptionnellement, davantage. Le nombre des ouvriers ébénistes
et sculpteurs sur bois s'élève à près de vingt mille.
Les industries qui se rattachent à l'ébénisterie —
laqueurs, doreurs, miroitiers, tapissiers, scieries —
occupent plus de vingt-cinq mille ouvriers.

Les artisans sont spécialisés : l'un, par exemple,
fabrique seulement les armoires ; l'autre, les bureaux
de dames ; un autre, les tables-gigognes ; celui-ci, les
vitrines ; celui-là, les salles à manger ; cet autre, les
chambres à coucher, ou bien les chaises de cuir, ou
les chaises cannées, ou les sièges, ou les tables, etc...
Comme ils ne possèdent pas de machines pour débiter et préparer leur bois, ils s'adressent à la scierie
voisine qui traite avec eux au comptant, livrant planches contre argent, ne faisant jamais crédit. On
appelle *choutier*, l'artisan qui fait du travail très ordinaire, de la camelote, et qui même, souvent, *tape
dans le nez au boulot*, c'est-à-dire exécute le travail
n'importe comment, vite et sans goût. Les meubles
terminés, les artisans les chargent sur une voiture à
bras et vont les livrer aux marchands dont ils ont

reçu commande. Lorsque les affaires vont mal et que les commandes chôment, ils vont de boutique en boutique, cherchant à céder au plus offrant le produit de leur travail.

Depuis vingt-cinq à trente ans, *la trôle* a disparu : c'était le marché aux meubles, qui se tenait près de la Bastille, le samedi jusqu'à minuit. Les artisans y offraient les meubles fabriqués dans l'atelier familial. Les marchands venaient s'y approvisionner, attendant la dernière heure pour que les vendeurs, lassés, se résignent à abandonner à vil prix le fruit de leur travail de la semaine. L'argent touché, c'était trop souvent la « bombe » jusqu'au mardi inclus, de sorte que, le mercredi, il fallait se remettre au travail avec fureur, y passer même une partie des nuits pour que le meuble fût prêt le samedi suivant. Normalement, ces artisans travaillaient sur commande des boutiquiers ; mais, lorsque ces commandes se ralentissaient, ils devenaient *trôleurs*, c'est-à-dire travaillaient en vue de la vente au marché du samedi.

Dans les petits ateliers du Faubourg, avant la guerre, régnaient des habitudes fâcheuses d'intempérance qui avaient fait surnommer les ébénos « les pots de colle ». Un immeuble compte souvent dix à vingt petits ateliers : les planches sont entassées dans l'escalier, sur les paliers, le long des murs des corridors. Lorsqu'un ouvrier allait chercher du bois, un camarade, l'apercevant, l'emmenait au débit voisin et là, tout en buvant, ils s'entretenaient longuement de leurs tâches : « Ah ! je fais une armoire, je m'y prends comme ça, je... — Et moi, voici ce que je ferais, je... » Et ils parlaient longuement de leur travail, mais sans travailler, buvant, dépensant, perdant temps et argent. C'était le désordre à propos et à l'occasion des obligations professionnelles. La discipline des grands ateliers constitue une sauvegarde contre la faiblesse humaine. Les conditions de vie d'après-guerre ont heureusement contribué à l'abandon de ces regrettables coutumes. Des immeubles modernes avec « location de force motrice » ont été édifiés dans le Faubourg à l'usage des artisans : ils sont divisés en un grand nombre de petits ateliers et le propriétaire loue en même temps que le local la force motrice dont il a organisé la distribution ; c'est, sous le régime de l'entreprise individuelle, l'œuvre qui pourrait être organisée sous le régime de la coopération.

Mais la plupart des immeubles utilisés par les artisans datent du siècle dernier ou même des xvii⁰ et xviii⁰ siècles ; par exemple, rue de Charonne, à main gauche, un peu au-dessus de l'avenue Ledru-Rollin, l'ancien hôtel de Vaucanson est occupé par de nombreux ateliers d'ébénisterie. Plus haut, au numéro 99, s'élève encore le vaste prieuré de Bon-Secours, construit en 1648 : une ample cour carrée et une petite cour latérale sont entourées de bâtiments à trois étages sur rez-de-chaussée ; sur les paliers des escaliers, dans les corridors, s'entassent les meubles prêts à être livrés, les bois prêts à être travaillés et qui ont été achetés par charges de voiture à bras ; une multitude de petits ateliers occupent les innombrables pièces : vernisseurs, mouluriers, marqueteurs, tabletiers, artisans spécialistes en sièges, meubles de luxe, meubles de fantaisie.

Aux environs des Quinze-Vingts, dans la rue de Charenton, j'entre dans une petite cour carrée, claire et gaie, bordée de bâtiments à un étage, ancien hôtel privé divisé en ateliers ; un escalier à rampe de fer, dans un coin, un balcon, dans un autre, apportent aux lignes des façades une agréable variété. Un vernisseur occupe le rez-de-chaussée de tout un côté de la cour ; on y pénètre par un angle, au pied d'un escalier Louis XIII à rampe de bois massif ; on y circule au milieu des meubles plaqués qui l'encombrent ; sur leur surface glacée, le jour glisse doucement et luit comme une eau dormante et subtile. L'artisan, un compagnon, un apprenti travaillent au milieu de leurs pots, bouteilles et pinceaux, dans le recueillement de cette retraite silencieuse où vient s'éteindre la rumeur de la Bastille et du Faubourg.

Non loin, une autre cour s'approfondit en forme de rue étroite, longue, tortueuse, deux fois coudée, bordée de bâtiments dont l'unique étage laisse passer la lumière en abondance. L'impasse est un petit monde. Elle est calme, déserte, comme endormie loin de la capitale. Vers son milieu, le ronron d'une scierie berce parfois son sommeil. Sommeil apparent, car une activité intelligente se déploie derrière les murs et les parois vitrées qui cachent ateliers et logis où vivent et besognent compagnons et apprentis, dessinateurs et inventeurs de modèles nouveaux. Je monte un escalier étroit qui me conduit à un atelier où un artisan, aidé de trois compagnons, exécute les meubles de style moderne dont son fils, âgé de vingt-sept ans, a tracé le charmant dessin. Mais les commandes se ralentissent ; la crise économique commence, dès l'été de 1924, au Faubourg, et, dans leur isolement individualiste, les petits producteurs sentent leur faiblesse, leur impuissance même à lutter.

Dans une « cour » de la rue du Faubourg, sous le porche qui ouvre sur une seconde cour, plus petite, je pénètre dans un atelier dont tout un côté est vitré : il y règne un grand encombrement de pièces de bois, brut ou travaillé, de machines, d'outils. Là, un ouvrier, seul, poursuit ses tâches coutumières auxquelles s'ajoute celle de mettre définitivement au point sa découverte d'une nacre artificielle utilisable pour la marqueterie, la confection de damiers, coupe-papiers, vasques à plafonniers électriques et quantité d'autres objets. En traversant la cour pour regagner la rue du Faubourg, le patron que j'accompagne croise un vieil artisan de ses amis, dont l'atelier se trouve dans un des bâtiments qui nous dominent ; il y travaille depuis un demi-siècle. Il se plaint de l'envahissement du Faubourg par les Juifs, non pas de leur envahissement commercial, commencé avant la guerre, mais de la véritable invasion de petits fabricants juifs et d'ouvriers juifs, venus depuis 1919 de l'Europe orientale et centrale. « Et ils ne fabriquent que de la saloperie ! s'écrie-t-il. Ils achètent tous les petits ateliers qui sont à céder ou dont le patron se laisse tenter par le prix qui lui en est offert. Ils m'ont demandé le mien : j'aimerais mieux y f... le feu ! »

Dans un étroit « Passage », à l'entrée de la rue de

Charonne, les petits ateliers sont ceux d'un artisan fabricant de filets de bois de rose, d'un artisan fabricant de garnitures de cuivre et de bronze pour meubles, d'artisans fabricants de pieds de tables ou fabricants de rallonges de tables. Il se produit ainsi, entre tous les artisans du Faubourg, spontanément, une extrême division du travail, une très grande spécialisation, chacun ayant intérêt à se mettre en mesure de produire en série dans la spécialité qu'il a choisie ; une certaine taylorisation de l'effort accompagne cette spécialisation ; et l'interdépendance qui s'établit entre tous les petits ateliers crée une solidarité plus profonde, par où ils deviennent comme les diverses parties d'un atelier gigantesque qui est le Faubourg tout entier.

b) Aspect matériel du quartier

Au début du xviie siècle, la plaine qui s'étendait aux abords de la Bastille et de la porte Saint-Antoine était cultivée par des maraîchers (cultivateurs du marais) ; les pentes de la colline de Charonne et du Mont Louis (où s'étale aujourd'hui le cimetière du Père-Lachaise, ainsi nommé parce que sur son emplacement s'élevait la maison de campagne dont Louis XIV avait fait don à son confesseur) étaient couvertes de cultures et de vignes. L'agrément du site, le calme de la campagne aux abords immédiats de la capitale y attirèrent bientôt de riches Parisiens et des personnes vouées à la vie monastique : des couvents avec de vastes enclos et des hôtels seigneuriaux

avec de grands parcs s'édifièrent bientôt sur les bords
des chemins qui conduisaient à Picpus ou à Charonne, et plusieurs subsistent encore qui abritent les
ateliers de fabricants de meubles et d'artisans de
l'ébénisterie. Au xviii° siècle, furent même construites quelques « Folies ». Entre les chemins de Charenton et de Charonne s'allongeait une rue de faubourg
qui se continuait par le chemin de Vincennes. Le
« Faux Bourg » Saint-Antoine prit un développement
rapide aux xvii° et xviii° siècles. Dans la rue et les
ruelles adjacentes vinrent s'installer des ébénistes
alsaciens qui y importèrent leur art et devinrent ainsi
les pères du « Faubourg » actuel, spécialisé dans
une production dont la célébrité est universelle ; les
noms des plus anciennes maisons de fabricants de
meubles sont des noms alsaciens. Les privilèges et
franchises — exemption de certains impôts et règlements, notamment des règlements corporatifs — y
attirèrent beaucoup d'ouvriers et un grand nombre
d'étrangers parmi lesquels des Allemands. L'absence
d'organisation professionnelle, qui mettait les
ouvriers à la merci des patrons, privait leur travail
de toute garantie, leur vie de toute sécurité, et l'infil-
tration croissante d'éléments étrangers, qui faisait de
cette population de salariés une population mêlée et
même cosmopolite, rendirent possibles et faciles,
parmi les 40.000 habitants du Faubourg, les premiers
mouvements séditieux qui déclanchèrent la Révolution : la grève sanglante chez Réveillon et cette prise
de la Bastille dont on fait l'injure au « peuple de
Paris » alors qu'elle fut l'œuvre de bandes recrutées

parmi les gens suspects et les étrangers, surtout les Allemands, qui pullulaient au Faubourg. Aujourd'hui, sa population, comme celle de Paris et de la banlieue des villes et centres industriels de la province, présente un aspect semblable à celui qu'elle offrait à la veille de la Révolution.

Quelques rares hôtels, aux amples cours d'honneur, survivent à leur siècle, rue de Charonne : au n° 51, l'ancien hôtel de Mortagne, puis de Vaucanson ; au 99, l'ancien prieuré de Bon-Secours ; au 161, l'hôtel du Dr Belhomme ; au 163, l'hôtel de Chabanais. Au 57, s'élevait encore, il y a peu d'années, l'hôtel de la duchesse de La Vallière, où elle se retira après sa disgrâce et avant d'entrer au Carmel. Ces vieilles demeures abritent aujourd'hui le labeur ingénieux des ébénistes, comme les hôtels du Marais l'activité des ouvriers du bronze et de l'orfèvrerie. Quelques maisons très humbles, de la même époque, se succèdent le long de l'antique chemin qui conduisait au village : un débit de vins à la devanture chargée de lourdes grilles ; — un étroit corridor qui donne accès à une petite cour où s'aperçoit de la rue un tas de billes de Gaillac destinées à la fabrication des roulettes de sièges et de tables et qui indique la présence d'un atelier de spécialiste de roulettes ; — un autre petit corridor, clos sur la rue par une porte à boiserie et ferrure-marteau Louis XV, conduit à une petite cour où travaillent un spécialiste de « Chine et Japon » et un « laqueur-doreur » ; un escalier de pierre descend à une seconde cour, basse et moussue, qui révèle l'ancien niveau du sol et qu'orne encore la margelle

d'un vieux puits ; — au coin de la rue de Charonne
et de l'avenue Ledru-Rollin, existe encore un logis
du xviii⁰ siècle, la maison des Lilas (vers 1870, il y
avait encore là un Bal des Lilas), que guette le démo-
lisseur ; elle possède deux étages de caves voûtées et
un vieux puits, situé très en contre-bas de la chaussée
actuelle, à l'ancien niveau des jardins maraîchers
des xvii⁰ et xviii⁰ siècles. Des bâtiments modernes
surgissent au milieu de tous ces vestiges d'autrefois :
ainsi, au numéro 102 de la même rue, une vaste cour
est cernée par de hautes constructions récentes, percées d'amples baies vitrées et qui abritent de nombreux ateliers loués à des fabricants de meubles.

La grande artère du Faubourg, c'est la rue du Faubourg Saint-Antoine, qui serpente depuis la place de
la Bastille jusqu'au carrefour des rues de Chaligny,
Faidherbe, Montreuil et Reuilly ; là, en face de la
façade neuve de l'hôpital Saint-Antoine, se dressent,
à l'entrée d'un terre-plein planté d'arbres, quelques
vieilles maisons sans étage, une fontaine et un poste
de garde construits sous Louis XVI. A l'entrée de la
rue de Montreuil, l'ancien chemin qui, à travers
champs, conduisait au village de ce nom, se succèdent les façades noires d'humbles maisons des xvii⁰
et xviii⁰ siècles. A partir de la petite place du carrefour, la rue du Faubourg Saint-Antoine file tout droit,
large, claire, bordée de maisons neuves, jusqu'à la
place de la Nation, la barrière du Trône. Centre du
Faubourg, qui y déverse le flot de sa population, elle
en marque en longueur toute l'étendue, depuis les
colonnes des rois constructeurs jusqu'à cette place

de la *Bastoche* où, sur les volutes corinthiennes du chapiteau de bronze, le Génie des Ruines, un instant arrêté dans sa course, menace Paris de sa torche incendiaire.

La rue du « Faubourg Antoine », comme parfois on l'appelle familièrement, présente à l'observateur trois parties successives, de physionomie distincte. De la Bastille à l'avenue Ledru-Rollin, les boutiques des marchands de meubles en détail se succèdent, à droite et à gauche, au rez-de-chaussée des immeubles, sans interruption ; de nombreux et curieux passages, occupés par de petits ateliers, s'ouvrent des deux côtés de la rue, qu'ils relient aux rues de Lappe, de Charonne et de Charenton.

On les retrouve à main gauche, entre la rue du Faubourg et la rue de Charonne, dans la seconde partie, qui va de l'avenue Ledru-Rollin et surtout du square Trousseau au carrefour de la rue de Montreuil. On passe devant le petit square, orné d'un groupe en bronze représentant un vendangeur qui cherche à s'emparer d'une vendangeuse ; premier épisode d'un film trop connu et trop souvent vécu dont on devine le dénouement vulgaire et qui est offert en leçon de choses, au cours de leurs jeux plus innocents, aux enfants du quartier voués à la nouvelle morale renouvelée de l'antique. La statue de Baudin, en train de mourir sur sa barricade, a été érigée au croisement de l'avenue Ledru-Rollin et de la rue du Faubourg, qui n'est point l'emplacement de la barricade. Celle-ci se dressait en travers de la rue du Faubourg, à la hauteur de la rue Crozatier,

ainsi qu'en témoigne la plaque apposée sur une vieille
façade : « Devant cette maison, est tombé glorieuse-
ment... » (Ses successeurs au Parlement préfèrent
tenir profitablement) «... Baudin... en défendant la
loi et la République. » Pendant que, sur le refuge du
tramway, je copie l'inscription commémorative, deux
hommes, derrière moi, disent en élevant la voix,
avec insistance et sur un ton d'ironie, me prenant
pour un de la *rousse* : « *Il* fait son métier... *Il* travaille bien... C'est un bon Français... » A partir du
square et surtout de la rue Crozatier jusqu'à l'hôpital
Saint-Antoine, règne, en particulier dans la matinée
et à la fin de l'après-midi, la plus fiévreuse activité
alimentaire et boutiquière : c'est le ventre du Faubourg. Le voisinage immédiat du « Marché Lenoir »
fait qu'il déborde dans la rue d'Aligre et dans la rue
du Faubourg en longues files de petites voitures des
quatre-saisons, en deux longs rubans de boutiques à
viandes, épices, légumes, vins, œufs et fromages,
autour desquelles circulent, affairées, en cheveux,
pantoufles, peignoirs et tabliers, chargées de paquets,
filets, paniers et cabas, les ménagères. Le matin, une
rumeur traversée de cris et d'appels monte sans cesse
des remous de cette foule. A sept heures du soir,
dans toute cette partie de la rue du Faubourg, s'agite
une population grouillante : des ouvriers descendent
en hâte dans Paris, leur journée terminée, et d'autres,
ayant fini de travailler dans Paris, remontent vivement vers la Nation ; les bars et buvettes s'animent,
les petits restaurants s'emplissent, les femmes va-
quent aux provisions, des ménagères circulent, affai-

rées, ou s'attardent à de longs commérages, des groupes d'enfants jouent au seuil des porches et des corridors, des taxis filent, rapides, un tramway passe dans un ronflement. Les deux rangées de maisons se déroulent, irrégulières, sinueuses, tantôt rapprochées et tantôt écartées, puis progressivement s'évasent vers le carrefour de Montreuil ; ce peuple de maisons se presse, s'entasse, oscille comme une foule curieuse le long de la chaussée au passage d'un cortège : maisons noires, criblées d'enseignes — *Au petit nègre, Au nègre gourmand, Au Faubourg, A la botte du Faubourg, A l'Artisan, A la casquette, A Saint-Antoine, Au Champion du Café, Au lion du Faubourg, A la pomme d'or, A la main d'or, Au Raliement* (sic), *Boucherie des cinq têtes* — dont les grosses lettres barbouillent et habillent les façades le plus souvent très étroites qui font ainsi paraître les maisons d'une hauteur excessive, mais de hauteurs fort diverses, entre un ou deux et cinq ou six, sept étages même, maisons parfois modernes, presque toujours vieilles d'un ou plusieurs siècles, perpétuant les élégants et sobres dessins du temps d'Henri IV ou de Louis XIV, le plus souvent sans style, dressant des murs couverts de crasse, de lèpre noire, et dont les toits, les cheminées mâchonnent et déchirent le ciel. Le long des trottoirs, s'alignent les petites voitures des quatre-saisons, chargées de bananes, poires, pêches et raisins, choux et choux-fleurs, céleris, radis, salades, haricots verts, carottes, melons, tomates, oignons, à des prix généralement inférieurs à ceux de Charonne. La foule est resserrée entre les petites

voitures et les éventaires des boutiques chargés de
vaisselle, filets à provisions, quincaillerie, huîtres et
escargots, pantoufles, espadrilles et chaussures de
cuir, bas, tricots, tabliers, vêtements de travail, cot-
tes bleues, peignoirs, pains dorés, pâtisseries, con-
serves, pâtes d'Italie, lentilles et haricots, œufs, fromages et mottes de beurre, tout cela offert, sur une
moitié du trottoir, par tas, par piles, à portée de
main du passant qu'ils raccrochent par toute la force
des convoitises qu'ils éveillent en lui ; et de la viande,
de la charcuterie, des poissons, des lapins, des pou-
lets, de la literie, des balais, des toiles cirées, des
jouets d'enfants, de la batterie de cuisine, dans un
pêle-mêle aussi incohérent que le plus ahurissant des
rêves.

Le matin, les balayeuses de la Ville font disparaître les épluchures et déchets qui restent du petit marché de la veille ; un dimanche, vers neuf heures
dans la matinée, un homme glisse sur une cosse de
haricot et manque de tomber ; furieux, il interpelle
brusquement la vieille femme qui balayait le ruisseau : « Enlevez donc ça ! On tombera ! » La femme
— une grosse à cheveux blancs, aux formes abon-
dantes affaissées dans un corsage déteint et un jupon
noirâtre, un fichu de laine crasseux jeté sur les épaules — se tourne vers le passant et, très digne, hau-
taine même, s'appuyant sur le manche de son balai
dont la bruyère produisait dans l'eau vive du ruisseau de larges remous, elle se rengorge, renverse la
tête en arrière, baisse les yeux avec mépris pour toi-
ser de plus haut son interlocuteur : « Dites donc,

vous ! j'ai pas des yeux derrière !... » Et prenant à témoin, pendant que l'homme s'éloigne, deux ouvriers qui se trouvaient là : « C'est pas pour me vanter ; mais, ce que je fais, je le fais bien ! Jamais M. l'Inspecteur ne m'a fait de reproches ! » Elle était magnifique d'amour-propre, de probité et de dignité professionnels ! Et aussitôt, avec ironie et faisant la lippe : « Je croyais que c'était mon chef qui me parlait ! » Puis, sans plus prendre garde au froissement qu'elle avait éprouvé ni s'attarder à des critiques sans autorité ni compétence, elle se remet, d'un geste large, à balayer son ruisseau. Rien plus que ce menu incident ne met en relief le fond robuste d'honnêteté, de fierté et d'honneur professionnels, que renferme le cœur des humbles gens de chez nous.

Certains matins de fin de septembre, quand vient de se lever le jour, je descends le Faubourg avec le flot silencieux des travailleurs ; derrière nous, au-dessus de la barrière du Trône, le ciel se nuance de rose et de bleu pâle ; Paris s'offre comme une fleur aimable que chacun se plaît à cueillir. Et d'autres fois, la pluie tombe, fine, abondante ; c'est partout un ruissellement ; dans cette plaine basse, l'eau imprègne le sol aussitôt, semble en ressortir pour s'étaler en flaques ; le ciel disparaît derrière les brumes grises et le voile mobile des stries liquides ; les autos passent dans des rejaillissements de boue ; la foule des salariés se répand tristement, ou bien sous l'abri d'un parapluie, ou bien dos courbé sous l'averse ; le Paris morose des jours gris noie ses formes imprécises dans ces perspectives confuses. Le soir, lorsque le marché a pris fin, que les petites voitures ont quitté le bord du trottoir, entre huit et neuf heures, les boutiques se ferment, les passants deviennent rares, ce qui reste de lumière et de vie se concentre dans les restaurants et les bars. A dix heures, c'est le désert. Il faut faire exception pour le samedi soir, si le temps est beau : alors, à minuit, la rue du Faubourg n'a point perdu toute animation, les cafés sont abondamment éclairés et fréquentés par la clientèle ouvrière du quartier. Près de l'entrée de la rue Crozatier, dans un bar, un jazz-band se fait entendre ; des curieux s'attroupent sur la chaussée ; à l'intérieur de l'établissement, c'est un public en casquette ou en cheveux, des hommes, des femmes, aux vieux vêtements crasseux, décolorés, élimés, des vieilles aux poitrines flasques déballées sur des ventres d'hydropiques. Aux terrasses des autres bars, si nombreux, des jeunes gens, des jeunes couples, des familles de vieilles grand'mères aux cheveux blancs, le visage couturé de rides, sur les épaules un fichu de laine sali par un long usage. Des promeneurs s'attardent dans une dernière flânerie, rentrant lentement chez eux, en la douce nuit de septembre.

Tels sont l'aspect et la vie des deux premières parties de la rue du Faubourg : jusqu'à l'avenue Ledru-Rollin, les marchands de meubles ; jusqu'au carrefour Montreuil, les boutiques de quartier, le commerce de l'alimentation, les cafés, restaurants et hôtels. La dernière partie, qui va du carrefour à la

Nation, forme une rue large, droite, claire, d'aspect moderne, garnie de quelques magasins de meubles, de boutiques, de restaurants et de cafés. Quand, en descendant la rue du Faubourg, on approche du square Trousseau, c'est, entre les deux rangées irrégulières de hautes maisons noires, la colonne de Juillet qu'on voit surgir portant très haut le Génie ailé des illusions dangereuses. Et, quand on remonte le Faubourg, c'est, dès le carrefour de Montreuil, la colonne de Saint Louis qui dresse dans le ciel la silhouette du chef, défenseur et père de la patrie, le Juste, le Saint. Et la foule, chaque jour, dans son flux et son reflux, oscille, comme entre deux pôles, des origines créatrices aux déchéances mortelles.

Si le Faubourg s'étend beaucoup en longueur, il est au contraire fort étroit : de chaque côté, les rues de Charenton et de Charonne le limitent. Les îlots d'immeubles édifiés sur les anciens jardins maraîchers couvrent chacun une étendue de terrain considérable ; les anciens jardins desservis par ces trois rues n'étaient, autrefois, transversalement coupés que par quelques sentiers qui sont devenus les voies latérales reliant les trois artères du Faubourg. Il s'y est ajouté récemment quelques larges percées, comme l'avenue Ledru-Rollin, les rues Crozatier, Faidherbe, de Reuilly. La densité croissante de la population avait de vieille date amené les propriétaires des terrains circonscrits par des voies fort rares à les rendre utilisables pour la construction d'immeubles en y aménageant des voies privées : de là, la grande quantité de passages et de cours qui font de ces îlots épais et en apparence massifs des noix creuses dont l'étranger, qui se hasarde dans le Faubourg en s'abandonnant au courant des passants et au tracé des rues, ne soupçonne pas le secret.

C'est en parcourant ces passages et les rues adja-centes que l'observateur peut déjà, à la simple lec-ture des innombrables panneaux ou enseignes accro-chés aux façades, portes et porches, surprendre le labeur des habitants du quartier. De toutes couleurs, formes, dimensions, à l'entrée des corridors, cours, passages, sous les fenêtres, à tous les étages, ces pan-cartes annoncent au passant la spécialité traitée dans chaque atelier : « *Fabrique de meubles de style* ». — « *Ebénisterie* ». — « *Menuiserie d'art* ». — « *Bois exotiques et indigènes* ». — « *Bois en billes et débités de toutes épaisseurs* ». — « *Placages sciés et tran-chés de toutes sortes* ». — « *Spécialités de marquete-rie et nacre* ». — « *Fabrique de meubles d'art* ». — « *Meubles de fantaisie et genre ancien* ». — « *Fabri-que de meubles de luxe* ». — « *Meubles anglais* ». — « *Meubles modernes et de style* ». — « *Meubles hol-landais* ». — « *Sièges* ». — « *Sièges anglais* ». — « *Doreur sur métaux* ». — « *Vernis nitrate et vernis mat, dorure à la pile et nitrates* ». — « *Ferblanterie-zinguerie pour meubles, glacières en tout genre* ». — « *Bronzes d'ameublement* ». — « *Fabrique de filets de bois de rose pour meubles* ». — « *Tournage et tou-rillons* ». — « *Dessinateur* » (en meubles ; il vend ses dessins aux artisans). — « *Gaînerie* ». — « *Réparation de meubles* ». — « *Moderniste* » (c'est-à-dire fabri-cant de meubles de style moderne). — « *Meules de grès* ». — « *Pointes et rivets* ». — « *Outils* ». — « *Vernissage au tampon et vernis ciré* ». — « *Spécialité de chaises cannées* ». — « *Spécialité de sièges* ». — « *Spécialité de salles à manger* ». — « *Spécialité de chambres à coucher* ». — « *Sièges et meubles d'art* ». — « *Décoration, sculpture, dorure* ». — « *Menuiserie de style* ». — « *Un Tel, fabricant de meubles d'art* ». — « *Sièges d'art* ». — « *Sièges de tous styles* ». — « *Fabrique de moulures* ». — « *Moulures et sculptures* ». — « *Miroiterie* ». — « *Panneaux contre-plaqués* ». — Et même : « *Reproduction d'ancien* ». Ou bien : « *Fabrique de meubles anciens et modernes* ». Ou encore, quelques rares fois, dans les petits coins : « *Antiquités* ». Le Faubourg en fabrique discrètement. Il arrive aussi qu'une petite affiche offre du travail : « *On demande des cannières (traverseuses et chevilleuses)* ».

Mais nul ne connaît le Faubourg dans son intimité s'il n'est familier avec le dédale de ses « Cours » et « Passages ». Leur disposition parfois compliquée, jointe à l'accumulation des ateliers dans les mêmes immeubles, met quelques ressemblances entre le cadre de l'industrie du bois au Faubourg et celui, singulièrement plus étroit, de la petite métallurgie à Popincourt. Si quelques rues neuves ont pratiqué de larges et banales percées, le Faubourg conserve encore ses caractéristiques : cours et arrière-cours qui, par deux et même trois, se succèdent en profondeur, parfois encombrées de marchandises, de voitures à chevaux ou à bras ou d'auto-camions, et toujours garnies de petits ateliers à tous les étages ; nombreux passages, souvent étroits, quelquefois sombres, entre les façades jaunes, noires, lépreuses, et offrant les mêmes scènes de labeur ; le tout formant comme un ensemble de ruches aux alvéoles innombrables, tout emplies de la rumeur confuse d'abeilles affairées — le peuple du Faubourg. Tous ces passages, cours et cités, aux gros et rudes pavés, avec quelquefois des bornes alignées à la base des vieux murs pour les protéger des chocs multipliés par les véhicules dans ces longs et tortueux couloirs, voilà les refuges de notre art du mobilier, les repaires d'un labeur acharné, tout vibrant d'imagination et d'intelligence. Même lorsque, dans certains recoins enfumés, l'air et la lumière ne sont distribués que trop parcimonieusement, personne, dans cette population courageuse, ne songe à se plaindre de cette tristesse où, de père en fils, on est accoutumé de vivre.

Dans la plupart de ces passages, c'est le plus reposant silence ; le travail se poursuit dans le recueillement. Ailleurs, parfois, se déversent tous les bruits des ateliers riverains : ronron d'une machine, crissement d'une scie, grincement d'un rabot, coups de marteau ou de maillet s'échappent des rez-de-chaussée, des étages, pendant que, sur les gros pavés ronds, cahote une voiture à bras chargée de meubles ; ou bien, c'est le ronflement d'une scierie. Même il arrive que, dans les ruelles qui s'articulent sur la grande, longue et tortueuse artère centrale du Faubourg, on entende l'orgue de Barbarie d'un mendiant, le vieil orgue à manivelle que l'on pouvait croire tout à fait disparu.

« Passages », « Cités », « Cours », telles sont les dénominations de ces boyaux qui s'enfoncent dans les massifs d'immeubles et des cavités qui les creusent : tout à l'entrée de la rue du Faubourg, à gauche, *la Cité Parchappe*, qui est bifide, tortueuse, ramifiée en une *Cour de Mai* et une *Cour de Juin* ; une de ses branches, contournée, s'achève en cul-de-sac ; l'autre, sinueuse, s'ouvre par un porche sur la place de la Bastille sous le nom de *Cour du cheval blanc*. Au delà de la Cité Parchappe, ce sont la *Cour de l'Etoile d'Or*, la *Cour des Trois Frères*, une autre *Cour* où l'on accède par un long couloir à voitures, pratiqué sous deux porches qu'une étroite courette, profondément encaissée entre les bâtiments, sépare ; cette *Cour*, très profonde, semble fermée, tout au fond, par un logis à un étage et mansardes, de style Louis XIII, dont la façade s'orne d'un cadran solaire daté de 1751 ; mais un porche traverse ce corps de logis et conduit à une seconde cour ; et ce ne sont partout, là comme dans tous les coins du Faubourg, que petits ateliers : miroitiers, doreurs, laqueurs, spécialistes de meubles, ou de sièges, ou de lits, ou de tables de salle à manger, et tapissiers à façon. La *Cour Saint-Louis*, située plus haut, abrite deux rangées d'ateliers logés dans de vieilles maisons à un étage : « Sculpteur de torchères », « Spécialité d'acajou et de bronzes », « Tourneur sur bois », « Atelier de métaux », un marbrier, un fumiste, un *bougnat* « Bois et charbon, vins et liqueurs » ; par un crochet sur la gauche, le passage forme une placette où la façade d'un humble hôtel meublé-débit, « Au caveau Saint-Louis », s'orne de pampres ; tout au fond, s'ouvre une étroite ruelle, serrée entre d'humbles masures à un étage ; coudée à angle droit, elle s'achève, à droite, dans une impasse qui revient dans la direction du Faubourg, et, à gauche, par un porche sombre et profond qui, après avoir rampé sous une noire bâtisse, va bailler sur la rue de Lappe.

Tous ces passages et cours donnent l'impression de l'intimité dans le travail et la vie de famille. Très souvent, les constructions, étant anciennes, sont de bien moindre hauteur que les énormes immeubles modernes, de sorte qu'il y a plus d'air et de jour. La circulation des voitures y est rare, limitée comme celle des piétons aux besoins des habitants et travailleurs de ces vastes îlots, dont on goûte la paix reposante , la rumeur du Faubourg n'y parvient qu'à travers la masse des grands immeubles qui les bordent, étouffée par cette barrière, affaiblie par la distance ; on se sent transporté dans un monde à part, qui vit replié sur lui-même, dans le cadre en partie conservé des xviie et xviiie siècles. La *Cour Viguès*, où l'on pénètre de la rue du Faubourg, s'ouvre, au fond, sur la *Cour Saint-Joseph*, dont l'accès direct se trouve rue de Charonne ; cette dernière cour forme un vaste rectangle long, clos de bâtiments modernes, sur lequel se greffent plusieurs petites cours. Au delà de l'avenue Ledru-Rollin, débouchent sur la rue du Faubourg, à main gauche, le *Passage de la Bonne graine*, le *Passage de la Main d'or* et le *Passage Saint-Bernard*.

Dans le bas de la rue du Faubourg et à droite, s'ouvrent : le *Passage de la Boule blanche*, rue étroite, tendue d'un trait entre les deux porches qui la ferment à ses deux extrémités et s'achevant à la rue de Charenton près des Quinze-Vingts ; la *Cour du Bel-Air* ; le *Passage du Chantier*, qui file sous une succession de porches alignés comme des portants de théâtre, se continue par une ruelle en ligne droite et finit par un autre porche sur la rue de Charenton ; à droite et à gauche de la ruelle, d'autres portails conduisent à des cours entourées de maisons noires que peuplent des ateliers d'ébénistes ; cet ensemble de couloirs et de cours ferait songer à un coin de bazar oriental s'il était inondé de la généreuse lumière des pays du soleil.

En remontant la rue de Charonne, on rencontre, à gauche, l'entrée de la *Cour Saint-Joseph*, de la *Cour du Panier fleuri*, du *Passage Thiéré*, et, à droite, le *Passage L'Homme*, le *Passage Saint-Antoine* et le *Passage Josset*. Le passage L'Homme s'enfonce sous un porche et forme une rue étroite bordée de chaque côté par de petits ateliers d'ébénisterie ; le passage fait ensuite un crochet, semble se perdre dans une cour exiguë, mais, par l'issue d'une porte cochère, débouche à la fois dans le tronçon de ce passage de la Bonne Graine, que l'avenue Ledru-Rollin a coupé en deux, et dans le passage Josset qui revient sur la rue de Charonne après avoir donné naissance à une branche coudée à angle droit, le passage Saint-Antoine, qui s'y termine également.

Entre l'avenue Ledru-Rollin, la rue de Charonne et la rue Keller, s'étend, traversée par deux petites rues

qui se coupent à angle droit, la misérable *Cité Lesage:*
elle est formée de hautes bâtisses à cinq étag· , lamen-
tablement délabrées. Au rez-de-chaussée, se succèdent
de petits ateliers d'artisans. Derrière les façades
noires, dans des chambres sordides, s'entassent de
nombreuses familles ouvrières : les escaliers sont à
demi ruinés ; les cours intérieures donnent le spectacle d'une saleté repoussante avec leurs poubelles qui
y restent encore, débordantes d'immondices, après
dix heures du matin ; les *water*, dans les recoins des
paliers, sont devenus des cloaques à peine clos ; les
fenêtres des cages d'escalier n'ont plus de châssis ; les
courants d'air qui les balaient hiver comme été en
chassent du moins les miasmes par trop nauséa-
bonds ; les murailles des escaliers et des corridors
étroits et sombres qui desservent les étages sont d'une
saleté répugnante. Aux fenêtres de ces bâtisses, flot-
tent linges et guenilles. Les enfants pullulent. Des
ateliers du rez-de-chaussée, où besognent de laborieux artisans, sortent de gracieux meubles de style,
en bois de rose, qui font honneur à leur talent professionnel et ajoutent au contraste immérité qui règne
entre tant de valeur personnelle et de misère.

Rue de Charonne, en face du passage L'Homme, on
pénètre en franchissant une grille dans le passage
Thiéré qui introduit au cœur du curieux quartier de
Lappe.

Le passage Thiéré, parallèle à la rue de Lappe et à
la rue des Taillandiers, placé entre elles deux, joint,
comme celles-ci, la rue de Charonne à la rue de la
Roquette. Le *Passage des Taillandiers*, muni d'un

vieux portail à l'une de ses extrémités, unit le passage
Thiéré, vers son premier tiers, à la rue des Taillandiers. Sur l'autre côté du passage Thiéré, une sorte
de rue étroite s'en détache et semble s'achever en
impasse ; mais, si l'on s'engage dans le corridor,
ouvert au public, de l'immeuble qui en forme le fond,
on débouche rue de Lappe ; si, au contraire, avant
d'atteindre le fond de cette fausse impasse, on tourne
à droite dans une sorte de cour, on s'aperçoit que, par
un coude à angle droit, elle vous ramène passage
Thiéré. Vers son milieu, le passage détache comme
deux bras qui forment à droite et à gauche, deux
vastes cours. Au delà, à gauche, une ruelle aboutit
à un porche muni d'une grille, qui ouvre rue de
Lappe. Enfin, le passage Thiéré s'achève lui-même
par une voûte et un large porche, rue de la Roquette.

Ce vaste îlot Lappe-Thiéré-Taillandiers est habité
presqu'exclusivement par des Auvergnats. On y
trouve des marchands de « Salaisons d'Auvergne »,
des marchands de vieux métaux ou « ferrailleurs »,
des fondeurs, des fabricants de comptoir en étain, de
fourneaux de cuisine, de machines-outils pour le bois
et pour le fer, des étameurs et de nombreux bals,
débits et hôtels meublés ; enfin, passage Thiéré, près
de la rue de Charonne, un vernisseur de meubles ;
nous sommes aux confins du Faubourg et du quartier
La Roquette-Popincourt-Marais. Cinq marchands de
salaisons d'Auvergne et de sabots du Massif central
sont installés rue de Lappe : les sabots et galoches
s'entassent en rangs serrés sous une moitié de plafond
et derrière une moitié de la devanture, tandis que, de

l'autre côté, s'empilent jambons et charcuteries de toutes sortes. Quelques épiceries et merceries s'égrènent au milieu des débits de vin et de la dizaine de bals de la rue de Lappe, des quatre ou cinq bals du passage Thiéré. Quelques vieilles enseignes fixent l'attention : le café du « Lion d'Or », le bal des « Barreaux verts » installé au fond d'un débit fortement grillé et surmonté, entre deux fenêtres du premier étage, d'un bas-relief représentant un joueur de cornemuse, coiffé d'un chapeau haut de forme à la mode d'il y a cent ans. Le quartier de Lappe, incrusté dans le flanc du Faubourg qu'il sépare de « la Popinqu' », participe par une extrémité au type du quartier de la petite métallurgie et par l'autre au quartier du meuble, mais, entre les deux, forme le fief des Auvergnats, le domaine où ils exploitent deux petites industries, celle du jambon et celle du bal-musette.

Les Auvergnats sont également très nombreux dans le reste du Faubourg où ils tiennent le commerce des « Vins, bois et charbon », des « meublés », des comptoirs et quantité de petites boutiques. Ils résistent énergiquement et efficacement, par leur ténacité et leur esprit de corps, à la pression des Juifs envahisseurs. Ils sont laborieux et économes, fréquentent la paroisse à l'occasion des actes solennels de la vie, ajoutent à leur tradition de race une forte tradition familiale et se transmettent fidèlement de père en fils, ou à un neveu, un cousin, leur fonds de commerce.

Tel est le premier élément étranger à l'ébénisterie qui se mêle à la population ouvrière d'ébénos du Faubourg. Ce sont des commerçants, non des ouvriers, des Auvergnats de Paris qui restent des Auvergnats en rapports étroits avec l'Auvergne. Mais ce sont de vieux hôtes du Faubourg, des collaborateurs traditionnels de la vie des citoyens du Faubourg, des Français.

De véritables étrangers pénètrent depuis quinze à vingt ans la population si caractéristique et si homogène des ébénistes parisiens du Faubourg : des Belges et des Italiens qui se naturalisent et se fondent dans la masse française assez rapidement, et, depuis la guerre, des Espagnols, aussi aisément assimilables, des Tchèques, des Polonais, des Juifs.

La main-d'œuvre belge et italienne avait commencé, dès avant la guerre, à suppléer à l'insuffisance de notre natalité. Les Italiens, surtout installés à Charonne, débordaient dans le haut du Faubourg, entre le carrefour Montreuil et la barrière du Trône ; ils se sont multipliés depuis la fin de la guerre ; un grand nombre d'enseignes libellées « Restaurant franco-italien » s'étalent rue du Dahomey, Boulevard Diderot, Avenue Daumesnil ; dans le haut de la rue du Faubourg, il y a un « Restaurant piémontais » et une papeterie qui vend quelques journaux yidish, quelques journaux espagnols, et deux douzaines de différents journaux italiens, quotidiens ou hebdomadaires, dont un anarchiste. Les Espagnols sont en petit nombre : un matin, j'en rencontre deux dans un bar de la rue du Faubourg ; dans un restaurant, au déjeuner, j'en vois deux autres, des Catalans qui lisent *El Diluvio*. Place de la Bastille, le kiosque situé près du Métro met en vente des journaux italiens et le

kiosque situé près de la gare de Vincennes, des journaux espagnols, des journaux belges et surtout, en
grand nombre, des journaux italiens. Les indigènes
Algériens sont si rares au Faubourg qu'on peut dire
qu'il n'y en a pas ; le Faubourg est la citadelle des
ouvriers de métier, il n'y a pas place pour les
manœuvres exotiques.

Mais l'élément juif, en nombre infime avant la
guerre, s'est accru dans de grandes proportions
depuis 1919. Le ghetto occupe les environs du square
Trousseau, qu'il envahit à certaines heures : les
immeubles de la Fondation Rothschild, la rue Saint-
Bernard et la rue de la Forge royale. Un certain
nombre de Juifs sont patrons : fabricants ou marchands de meubles. Mais la plupart, simples ouvriers,
travaillent chez les patrons de leur race. Ils viennent
de Pologne, de Roumanie, de Russie, et ignorent le
français ou n'en connaissent encore que quelques
mots. Les ouvriers français du Faubourg se plaignent
beaucoup de leur voisinage : les immigrés, d'une
saleté repoussante, forment un groupe ethnique compact, impénétrable, absolument séparé par la langue,
les mœurs, les idées, les sentiments, l'organisation
religieuse et nationale, du milieu où il s'est insinué
et où il s'accroît sans relâche. Une nouvelle syna-
gogue a été installée, en 1923, à l'entrée de la rue
du Faubourg, dans le local d'un Concert (1) ; ils n'ont
pas tardé à faire disparaître l'enseigne qui en indi-
quait la nouvelle destination, de sorte qu'aujourd'hui

(1) Voir *De la Popinqu' à Ménilmuch'*, p. 85.

rien ne laisse plus soupçonner à quel usage sert l'immeuble. L'Etat juif international dirige le courant migrateur, répartit par pays et, dans chaque pays, par ville, par quartier, ses ressortissants ; la communauté locale prend en charge ceux qui lui sont attribués et, en attendant de leur avoir trouvé au moins une chambre pour un groupe d'adultes ou pour une famille, abrite les plus pauvres dans des refuges qu'elle entretient de ses deniers et des nôtres. Ainsi, une affiche yidish, apposée presqu'en face de l'église Sainte-Marguerite, laisse entendre aux profanes à quelle préoccupation elle répond ; en plus du texte yidish, elle porte en français cette indication : « Œuvres philanthropiques ; Asile de jour et asile de nuit, 16, rue Lamarck ; 12, rue des Saules ; et Keren Kayemeth Leisraël, 14, rue Vieille du Temple. » Le service d'émigration juive nous envoie donc même ses pouilleux des ghettos de l'Europe centrale et orientale, qu'elle met à la charge des « Œuvres philanthropiques ».

Les Juifs du Faubourg louent, pour leur saison théâtrale, l'Eden de l'avenue Ledru-Rollin ; le Cinéma de la rue de Citeaux les convoque spécialement à certains spectacles par affiches en yidish apposées rue de la Forge royale et rue Saint-Bernard. Le Ciné de la rue Saint-Sabin a joué, pour les Juifs du Faubourg, de Popincourt et du Marais, « Baruch, grand drame israélite en six parties. Ce drame passionnant peut être vu par tout le public. Il ne blesse aucune susceptibilité religieuse ou politique », disent les affiches rédigées en français ; mais des affiches en yidish sont apposées dans le quartier. A l'entrée du cinéma, une grande pancarte étale cette annonce : « Baruch » (ce mot écrit en français et en caractères hébraïques), « la superbe pièce israélite, étude de mœurs juives, grande scène dramatique en huit parties ». Le samedi et le dimanche soir, les ghettos voisins se sont déversés dans la salle. Ah ! la belle collection de nez sémites, de tout calibre ! De très rares Français, d'emblée reconnaissables, se sont fourvoyés dans cette foule de boutiquiers et d'ouvriers juifs, de récente importation, qui se sont transportés là par familles entières : des quantités d'enfants, des bruns et des roux, aux yeux aigus et agiles de vide-gousset, des hommes de tout âge, de tout poil, des vieilles femmes et des jeunes, bras et épaules nues, en toilettes neuves, en toilettes fripées, en « décrochez-moi çà », en nippes sales, des faces pâles, des faces peintes, des yeux brillants, des regards torves, des mines fûtées, des profils de proie, quelques rares teints basanés, mais surtout des faces roses, trop roses, ou rouges, ou très pâles, trop pâles, blafardes, des bouches féroces, des oreilles en plats à barbe, des nez en bananes ou crochus comme des becs de perroquets, ou dont la ligne droite et courte se termine brusquement par une cassure, une chute inquiétante, un menu croc avorté. Et, dans le murmure des conversations, on surprend un peu de français écorché, au milieu des voix à l'accent tudesque et du yidish barbare.

Des affiches yidish du théâtre « Palais du travail »,

(1) Voir *De la Popinqu' à Ménilmuch'*, pp. 121-123.

rue de Belleville (1), et du « Théâtre juif » de la rue
de Lancry, apposées rue de la Forge royale, viennent
recruter, même pour ces scènes éloignées, les Juifs
du Faubourg. Le ghetto de la rue de la Forge royale
touche à celui du quartier de la Roquette qu'il relie à
celui du square Trousseau. Dans cette rue là, qui est
le centre même de leur occupation du Faubourg, les
Juifs comptent une vendeuse de journaux yidish, deux
bouchers, deux boulangers, deux merciers, un petit
restaurant, un marchand de légumes, quatre épi-
ceries-fruiteries, c'est-à-dire presque tout le petit commerce dont ils ont progressivement expulsé les Français. Ils se réunissent volontiers dans un bar qui fait
le coin de la rue de la Forge et de la rue du Faubourg.
Le samedi, on rencontre beaucoup de Juifs et de
Juives, en vêtements de fête, qui se promènent à
travers le quartier.

c) La vie intellectuelle et morale du quartier : Bibliothèque et écoles professionnelles, syndicats, librairies et journaux, propagande révolutionnaire, bals et spectacles, la paroisse.

Les « ébénos » naissent, grandissent, vivent et
besognent dans le décor matériel que nous venons de
décrire et dont les images façonnent leur sensibilité.
Ils y tiennent par les liens invisibles d'une longue
accoutumance : pendant trois siècles, leurs générations s'y sont pliées ; le profil des maisons et des
rues, les sons du quartier, la lumière et les ombres
du logis, l'odeur de l'atelier, la langue mystérieuse

des pierres ont scellé avec eux une indissoluble
alliance.

Les artisans, dessinateurs, fabricants trouvent un
instrument de travail professionnel de premier ordre
dans la *Bibliothèque Forney*, installée dans le haut
du Faubourg, un peu au-dessus du carrefour Montreuil, rue Titon, sur l'emplacement de l'ancienne
Folie de Titon du Tillet, où Réveillon avait ensuite
installé sa fabrique de papiers peints et où Montgol-
fier construisit le premier aérostat. Elle est organisée
à la fois pour la lecture sur place et pour le prêt à
domicile. Les ouvriers, artisans, patrons peuvent y
puiser les éléments dont ils ont besoin pour établir
un modèle de décoration ; ils peuvent consulter et
même décalquer des estampes, modèles ou dessins
de tous styles et époques. Le fonds de la bibliothèque
se compose moins de livres que de dessins, plans,
modèles graphiques. On y compte actuellement vingt
mille volumes et cinquante mille planches. Les gra-
vures sont réparties en huit classes : l'Art ou orne-
ment, la Pierre, le Bois, le Fer, le Bronze, l'Or et
l'Argent, l'Argile, le Tissu. En 1911, il y eût plus de
dix mille prêts à domicile et environ neuf mille
consultations à la bibliothèque même. Elle n'est pas
fréquentée par les apprentis ou jeunes gens, mais par
les adultes qui ont besoin de renseignements pour
leur tâche professionnelle. Il leur arrive souvent de
téléphoner pour demander au conservateur un
ouvrage relatif à un sujet déterminé auquel ils travaillent. Le conservateur cherche et réunit les docu-
ments que l'intéressé vient ensuite prendre ou qu'il

fait prendre par un apprenti : toute perte de temps est ainsi évitée. La bibliothèque professionnelle Forney collabore donc activement à l'exercice du métier.

Le métier a plus grand besoin encore d'écoles professionnelles, puisque son existence même dépend de la formation des apprentis. Ceux-ci suivent les cours du soir de l' « Ecole professionnelle ouvrière de l'ameublement », avenue Ledru-Rollin, près de la rue Basfroi, ou ceux de l'Ecole professionnelle fondée et soutenue par les patrons, et, le jour, ceux de l'Ecole Boulle.

Quant à la vie du métier, c'est-à-dire la défense des intérêts professionnels, elle est confiée aux différents Syndicats de l'ameublement, ouvriers et patronaux.

Au coin de la rue de la Forge royale et de la rue Saint-Bernard, dans un débit restaurant-hôtel, se trouve le siège de la « Société des compagnons et aspirants menuisiers du Devoir ». Rue de Charonne, à la hauteur de la rue Faidherbe, dans une boutique, est installée la permanence de l' « Union syndicale des ouvriers ébénistes de la Seine », dont le siège social est à la Bourse du Travail; ce Syndicat est donc rattaché à la C. G. T. non unitaire. A l'angle de la rue du Faubourg et de la rue Saint-Bernard, la « Fédération de l'Ameublement » et deux syndicats ouvriers unitaires, le Syndicat des ébénistes de la Seine et le Syndicat de la sculpture, ont établi leurs sièges sociaux. Au rez-de-chaussée de cet immeuble, s'ouvre un vaste magasin d'épicerie qui appartient à l' « Union des coopérateurs, Société coopérative de consommation, Section l'Egalitaire, succursale G » (1) ; la société appartient aux socialistes réformistes. Les syndicats unitaires occupent les deux étages de cette maison Louis quatorzième. Au premier, une pièce garnie de bancs forme une petite salle de conférences. Sur une affiche apposée au mur, on lit un appel aux camarades, les invitant à « adopter un orphelin russe ». Une autre affiche est rédigée en yidish, attestant les accointances de la juiverie et de la Révolution : la juiverie forme dans les organisations ouvrières communistes une cellule secrète où nul ne pénètre hormis les fils d'Israël qui pénètrent au contraire toute l'organisation révolutionnaire dont ils constituent le ressort caché et l'organe directeur.

Des Syndicats patronaux groupent les intéressés dans quelques-uns des métiers qui gravitent autour de l'ébénisterie : Syndicats des miroitiers, des tapissiers.

Les Syndicats patronaux de l'ameublement sont au nombre de trois ; celui de la rue des Boulets pour les fabricants de meubles en série, celui « de la Fabrication du meuble », installé rue de Montreuil, et celui de « l'Ameublement » dont le siège est rue de

(1) Les coopératives socialistes de consommation ont pris dans toute la France un développement considérable et se sont constituées en une Union nationale qui possède un magasin de gros et une banque ; elles ont fait, en 1923, pour trois cents millions d'affaires. Il est pénible de constater que les catholiques ont à peine esquissé un effort dans cette direction et que plusieurs de leurs coopératives ont dû, faute de magasin de gros coopérateur catholique, s'affilier à l'Union des coopérateurs socialistes pour pouvoir s'approvisionner.

la Cerisaie. Ce dernier est le plus ancien et le plus important ; il groupe et des fabricants et des négociants. Son président, M. Albert Goumain, s'occupe de la prochaine construction, avenue Ledru-Rollin, tout près de la rue de Charonne, de la « Maison de la Corporation du meuble », qui deviendra le siège des trois Syndicats patronaux, de la Bibliothèque Forney, d'un Cercle ouvrier et d'une Association de l'apprentissage unissant les Syndicats dans un effort commun pour assurer l'instruction professionnelle.

La culture professionnelle est actuellement encore très insuffisante. Que dire de la culture générale ? La littérature populaire, les journaux et les spectacles l'alimentent ! L'étalage d'une papeterie-mercerie voisine de la Cité Lesage nous montre à quelles sources le goût de la lecture peut conduire la population ouvrière à puiser. Voici ce qui lui est offert : pour 0,45 c., *Idylle de faubourg* ; pour 0,5o c., *Brune perfide*, *Auprès de ma blonde*, *L'attaque du courrier de Lyon*, *La mare aux folles*, *Le bandit fantôme*, *Jenny la blonde* ; et les ouvrages suivants, de Gastine : *A nous les plaisirs*, *Les reines de cœur*, *Mignons et mignonnes*, *Souveraines et reines d'amour*, *Passionnées*, *Bien aimées*, *Tendres ivresses*, *Au pays où l'on aime*, *Folles joies*.

Le matin, de bonne heure, l'éventaire d'un marchand de journaux installé près du square Trousseau, rue du Faubourg, présente l'aspect suivant : *le Petit Parisien* forme trois hautes piles ; *Le Matin* et *le Journal*, chacun deux ; *l'Auto*, une ; le *Journal des Sports*, une pile moitié moins haute ; *l'Œuvre* et *Le Petit Journal*, chacun une pile moitié moindre : *l'Action française*, *l'Echo de Paris*, *La Victoire*, *L'Humanité*, *Le Quotidien*, chacun une pile moindre encore de moitié. Chez presque tous les libraires et marchands de journaux du Faubourg, on trouve de quatre à six *Action française*, au moins, généralement vendues de bonne heure, ce qui prouve, comme à Charonne, l'existence d'une clientèle peu dense, mais diffuse. Les ouvriers lisent le plus généralement *Le Petit Parisien*, *Le Journal*, *L'Auto*, puis *L'Œuvre*, *Le Quotidien* et *L'Humanité*. Quelles idées en reçoivent-ils ? La certitude de la paix universelle garantie par la Société des nations ; la nécessité de lutter contre le cléricalisme, d'écraser le fascisme, de détruire le capitalisme et l'impérialisme, d'envisager le communisme comme la solution des difficultés présentes et le terme d'une révolution nécessaire.

Au début de septembre 1924, les séances de Genève et les débats sur le désarmement servent aux journaux dits modérés et de grande information à persuader le public de la volonté de paix des Etats. Toutes ces feuilles impriment de larges manchettes prometteuses de félicité universelle et consacrent au moins leur première page à célébrer les bienfaits de la réconciliation universelle : la sécurité de chacun sera assurée par le désarmement de tous. « MM. Herriot et Mac Donald ont pris contact à Genève », proclame *Le Petit Parisien* (1), qui se garde bien de faire savoir que la France risque d'y perdre son indépendance et

(1) 4 septembre 1924.

sa sécurité. Le lendemain, il imprime en gros
caractères « les points principaux du discours de
M. Mac Donald : Il faut que la Société des nations
devienne universelle et que l'Allemagne y adhère
ainsi que la Russie. Les forces militaires et les
alliances ne sauraient suffire à garantir la sécurité. Il
est nécessaire d'instituer tout d'abord un système
d'arbitrage. Le désarmement devra être discuté dans
un an, en Europe, par une conférence internationale » (1). Le jour suivant, nous lisons, imprimées
en lettres énormes, ces phrases : « M. Herriot a répondu à M. Mac Donald. La salle entière, délégués et
public, lui a fait une émouvante ovation ». Et, en
lettres moins volumineuses : « Arbitrage, sécurité,
désarmement, sont les trois colonnes maîtresses du
temple que vous êtes appelés à bâtir. Ces trois termes
du problème ne sauraient être dissociés ». Enfin, en
lettres ordinaires : « M. Herriot a répondu, ce matin,
à M. Mac Donald et son éloquence lui a conquis, dès
le premier contact, le cœur de l'assemblée. C'était
réellement, par sa voix, la France qui parlait... Interrompu à plusieurs reprises par les applaudissements
spontanés de l'assistance entière, il arrêta de la main
ces ovations sentimentales et souligna ainsi toute la
gravité de l'heure... En une profonde et saisissante
envolée », il « proclama hautement... que la plus
petite patrie avait droit aux mêmes égards que la plus
vaste... La thèse exposée par M. Herriot était, du
reste, la raison même... Le président du Conseil fran-

(1) 5 septembre 1924.

çais, parlant de ces trois colonnes qui doivent soutenir le temple de la paix, est resté jusqu'au bout sur
le terrain solide des réalités... » (1). Les lecteurs du
Petit Parisien ne peuvent plus ne pas être convaincus
que la sécurité dépend du désarmement. D'innombrables citoyens absorbent sans résistance l'opium de
ces stupidités. *Le Journal*, s'attaquant à une
fraction presqu'aussi importante de l'opinion publique, lui apprend — en lettres capitales — que « l'Assemblée des Nations à l'unanimité vote une résolution
franco-britannique sanctionnant le débat sur le désarmement et la sécurité. Voici le texte de cette résolution : L'Assemblée, prenant acte des déclarations des
gouvernements représentés, y voit avec satisfaction
la base d'une entente tendant à établir la paix définitive ». Cette résolution est soulignée par ces paroles
des deux hommes d'Etat : « Nous avons une égale
bonne volonté, déclare M. Mac Donald. Nous suivrons
la route coude à coude, confirme M. Herriot » (2).
Dans sa joie, *Le Journal* imprime en manchette, de
chaque côté de son titre : « Plus d'ypérite ni de gaz
lacrymogènes ; seront seuls tolérés les gaz hilarants ;
le guerrier rira ; il sera désarmé » (3). A l'extrême-
gauche de la presse, *Le Quotidien* renforce en faveur
des mêmes illusions cette propagande des organes
modérés. Il imprime en manchette : « L'Assemblée de
Genève acclame M. Herriot, porte-parole des idées de

(1) *Le Petit Parisien*, 6 septembre 1924.
(2) *Le Journal*, 7 septembre 1924.
(3) *Idem.*

démocratie, de droit et d'humanité ». (1) Et, à propos
du discours de Mac Donald, il écrit : « Oui, il est vrai,
comme M. Ramsay Mac Donald l'a dit avec force, que
le problème de la sécurité ne doit pas être considéré
comme un problème militaire ; cette conception de la
sécurité... n'a fait que perpétuer la guerre entre les
peuples ». *Le Quotidien* ajoute : « Le premier ministre
britannique a saisi l'Assemblée d'une proposition pré-
cise, celle... d'admettre l'Allemagne... dans la Société
des Nations... L'admission de l'Allemagne est trop
manifestement dans l'intérêt de la paix pour n'être
pas dans l'intérêt national ». Là-dessus, *Le Merle
Blanc* (2) ironise et « persifle » en manchette : « Le
scandale de Genève. Des énergumènes veulent supprimer la guerre. Décidément, ces individus ne res-
pectent rien ». *Le Quotidien* (3) voit, dans la Société
des Nations, qui « poursuit ses travaux dans un humble décor..., les Etats Généraux du monde », et c'est
« une grande journée à Genève », car désormais « tous
les conflits seront soumis à l'arbitrage ». Donc, doré-
navant, plus de guerre ! Et le bon lecteur s'endort
dans un rêve enchanté. Quel réveil cruel l'attend !

Ia paix extérieure garantie, il reste à assurer la
paix intérieure contre ses deux ennemis : le cléricalisme et le fascisme.

« Il faut », écrit en lettres capitales et en première
page, *Le Quotidien* (4), « que la laïcité soit maintenue

(1) *Le Quotidien*, 6 septembre 1924.
(2) 13 septembre 1924.
(3) 16 septembre 1924.
(4) 24 septembre 1924.

et fortifiée. La laïcité, c'est la liberté de conscience ».
Cet appel à l'anticléricalisme agressif, ajouté à la campagne qui s'est dessinée depuis près d'un an et accen·
tuée depuis les élections générales, et qui ira s'aggra-
vant, vise à réveiller dans la conscience populaire les
vieilles haines et à mobiliser l'instinct de violence
injuste. Mais ne sont-ce pas « les cléricaux d'Alsace
et de Lorraine » qui « excitent à la guerre civile » ?
Le Quotidien (1) l'affirme. Et *l'Œuvre*, commen-
tant (2) la lettre des cardinaux français au président
du Conseil Herriot sur ses menaces de retour à la persécution religieuse, publie un Premier-article, signé
Gustave Téry, sous le titre : « L'anticléricalisme
nécessaire », où nous lisons que le catholicisme
« n'est pas une religion qui revendique son droit à
l'existence et au respect », mais « une organisation
politique dressée contre la République. Il ne s'agit
plus de croyants, mais de factieux ». (C'est le vieux
sophisme, ressassé depuis près d'un demi-siècle, et
depuis la Révolution, et même dès le temps des empe-
reurs romains). Téry conclut : « Jamais l'anticléricalisme n'a été plus opportun, plus salubre , plus nécessaire. Voltaire a toujours raison ». Et *L'Œuvre* proclame (3), en manchette à la suite de son titre : « Nous
sommes trois cent mille en Alsace qui entendons que
notre pays vive enfin la vie de tous les autres Français ». Aux manifestations des catholiques alsaciens,

(1) 1er septembre 1924.
(2) 27 septembre 1924.
(3) 29 septembre 1924.

Le Quotidien (1) oppose « une grande manifestation républicaine à Strasbourg. Le gouvernement, dit M. Justin Godart, ne cédera pas aux manœuvres d'intimidation ». Ces deux phrases s'alignent en gros caractères au milieu de la première page. Et Pierre Bertrand, dans son article : « La Réponse aux cardinaux » (2), écrit : « M. Edouard Herriot a fait aux cardinaux une très belle réponse... Nous permettra-t-on de dire cependant que nous aurions été heureux d'y trouver un accent plus vif ?... Le fait que les six cardinaux de France se mettent ouvertement en révolte contre la loi est un fait grave... L'agitation active est... une intrigue politique dont on ne viendra pas à bout avec de bonnes paroles ». C'est le langage des anticléricaux depuis cinquante ans. On se croirait tout particulièrement revenu au temps de Waldeck-Rousseau et de Combes. *Le Peuple* (3), organe quotidien de la C. G. T., imprime en grosses lettres : « Les travailleurs ne tiennent pas à manger du curé. Mais ils veulent encore moins que les subordonnés du pape entravent l'effort de rétablissement indispensable au pays ! » Et il publie un article intitulé : « La croisade des cardinaux et les chantages du Vatican ».

Plus que le catholicisme peut-être, les journaux de gauche attaquent le fascisme. A la suite de l'assassi-

(1) 29 septembre 1924.

(2) Il s'agit de la réponse du ministre Herriot à la lettre par laquelle les cardinaux avaient critiqué les mesures annoncées contre les Ordres religieux et contre le régime concordataire alsacien.

(3) 29 septembre 1924.

nat du député socialiste italien Matteotti, quelques
mois plus tôt, toute la presse jacobine française avait
hurlé comme une folle. Les révolutionnaires italiens
viennent d'assassiner le député fasciste Casalini : que
va-t-elle dire ? Que « les fascistes redoublent de violence dans toute l'Italie » (1). *L'Humanité* (2) annonce
que, « contre les chemises noires, le Comité ouvrier
anti-fasciste appelle à la formation de centuries », et
déclare qu' « avec la férocité du désespoir... les expé-
ditions *préventives* des fascistes se poursuivent. Le
fascisme en actes violents, c'est la contre-révolution
préventive. Ces derniers jours, dans toutes les villes
de l'Italie, les chemises noires ont massacré, pillé... »
Le fasciste Casalini est assassiné par les révolutionnaires : ce sont les fascistes qui sont des assassins.
L'Humanité ne va pas jusqu'à dire qu'ils ont assassiné
Casalini, mais, dit-elle, « le meurtre de Casalini
sert la violence fasciste », et « le banditisme fasciste
sévit avec rage » (3). Puis, elle publie un Premier-
article « Contre le fascisme assassin » (4). *Le Quotidien* ne poursuit pas une moins vigoureuse campagne : « Le fascisme continue à tuer et à saccager »,
affirme-t-il le 20 septembre 1924. Et, le 25 : « La terreur fasciste : un ouvrier est assassiné dans d'horri-
bles conditions à Cosanza. Les fascistes viennent de
faire une nouvelle victime dans la classe ouvrière ».
Ce journal voit du fascisme partout. Le 1er septembre,

(1) *Le Quotidien*, 14 septembre 1924.
(2) 14 septembre 1924.
(3) 15 septembre 1924.
(4) 27 septembre 1924.

il demandait déjà : « La Terreur blanche bulgare va-
t-elle enfin cesser ? » Cette sottise était signée : A.
Aulard.

Le 15 septembre, les journaux « d'information »,
« à grand tirage », annoncent avec sympathie et les
journaux d'extrême gauche avec joie que le gouvernement a décidé de supprimer le bagne de la Guyane et
de faire rentrer en France les forçats. Il ne manquait
plus qu'eux pour la Révolution prochaine ! Nous
avions déjà les ouvriers communistes étrangers, les
Algériens indigènes, les Juifs : la nouvelle Révolution,
ayant comme l'ancienne ses forçats de Châteauvieux,
ne pourra rien envier aux « grands ancêtres ». La
mobilisation des forces de ruine et de carnage se
poursuit par les soins des bourgeois radicaux, anticléricaux et francs-maçons, fourriers du crime. *L'Humanité* (1) redoute les émigrés russes ; dans un entre-
filet intitulé « Les déchets de la contre-Révolution »,
elle écrit : « De nombreux Russes, pour la plupart
anciens officiers dans les armées blanches, travaillent comme manœuvres dans les usines de France. Le
capitalisme espère évidemment trouver en eux des
cadres pour la contre-Révolution. C'est sans doute
pourquoi le général Potocki, président de la Société
des émigrants russes à Belgrade, est arrivé à Mou-
lins pour visiter les émigrés russes qui travaillent en
Bourbonnais et parmi lesquels se trouve le Lieutenant-
Général Vladimir Yermoloff, qui fut gouverneur
d'une province du Caucase ». Est-ce par crainte des

(1) 15 septembre 1924.

émigrés russes que, la veille, *L'Humanité* (1) protestait contre l'introduction en France de la main-d'œuvre étrangère ? « Nous ne sommes pas nationalistes, mais... » Elle prétendait protéger la main-d'œuvre française contre la concurrence des étrangers ; en réalité, puisque notre main-d'œuvre nationale ne suffisait plus aux besoins, *l'Humanité* ne visait qu'à réduire notre production, nous appauvrir et nous affaiblir. Tout moyen lui est bon pour mettre nos affaires dans le plus mauvais état et, par là, hâter la Révolution. Une guerre étrangère la faciliterait. Et, du reste, la Révolution triomphante ne serait-elle pas la source de guerres nouvelles qui en porteraient les principes, à l'imitation de la « grande » Révolution française, à travers le monde ? Aussi *L'Humanité* dénonce-t-elle (2) « le cynisme et les mensonges de la Société impérialiste des Nations ». Ce qu'elle veut, c'est le triomphe universel du communisme dont la Russie nous offre le peu séduisant exemple.

Le Quotidien s'efforce d'incliner vers le bolchevisme russe toutes les sympathies de ses lecteurs. Il leur affirme que « le grand patronat international rejette par principe les revendications les plus modérées de la classe ouvrière ». Il leur expose, comme un idéal et une nécessité, la substitution, « aux sociétés à grands profits personnels, des nationalisations industrialisées à grand rendement » (3). La Russie en a fait l'expérience. Il s'agit donc de la leur présenter

(1) 14 septembre 1924.
(2) 16 septembre 1924.
(3) 20 septembre 1924.

sous un jour favorable. Aussi *Le Quotidien* publie-t-il toute une série d'articles sous le titre général : « Trois mois à Moscou », puis, « Trois mois en Russie ». A Moscou, il décrit ce qu'il appelle « La fermentation des esprits » (1), en ces termes dithyrambiques : « Une des caractéristiques de la vie russe actuelle est la fermentation des esprits, la fièvre d'instruction qui s'est emparée de la population. Les communistes se sont assigné deux buts..., diminuer le nombre des illettrés..., créer une classe de *dirigeants communistes*... Le front contre l'analphabétisme, auquel les journaux consacrent un communiqué quotidien, est malheureusement stabilisé aujourd'hui. Le grand élan qui a suivi immédiatement la révolution a été brisé par les guerres, la famine, le manque de moyens matériels et la misère... Les troubles et le manque de vivres ont réduit le nombre des élèves... » Quel aveu! Et encore celui-ci : « Des hommes de cœur se sont attachés à donner des crayons aux écoliers russes... Envoyez-nous des crayons est le refrain des maîtres. Donne-moi un bout de crayon est la prière des gosses dans les gares, au passage des trains. » Mais il y a, en outre, des « Facultés ouvrières »! « Dans ces Rabfak, les élèves subissent une discipline presque militaire... Les conférences sont écoutées avec une ferveur presque religieuse par ces ouvriers... Ils semblent avoir de s'instruire un désir égal à celui qu'on a de les instruire. La volonté d'instruire le peuple frappe partout l'étranger : on ne

____
(1) 1ᵉʳ septembre 1924.

peut visiter un musée sans y voir de longues théories d'enfants conduits par des maîtres... Les adultes trouvent presque à chaque coin de rue des bibliothèques publiques... : ouvriers, employés, petits bourgeois sont en général plongés dans les ouvrages les plus abstraits des grands penseurs socialistes. Il faut donc reconnaître que tout un peuple... a été contraint, par la volonté de fer de ses dirigeants, à réfléchir, discuter et juger. Du porteur de bagages au cocher, de l'étudiant ouvrier au syndiqué, tous les Russes traitent des questions les plus variées, les plus ardues... Le Slave peut aujourd'hui laisser s'épanouir ses qualités latentes : le peuple entier se transforme... », est « en constante ébullition ! »

On ne le sait que trop : la réalité est tout autre. La Révolution a massacré trois cent cinquante mille intellectuels ; les autres sont morts de faim ou réduits à la condition de manœuvres de la plus basse condition s'ils n'ont pu émigrer. Le gouvernement soviétique a détruit tous les livres et mis en circulation exclusivement les filandreuses élucubrations de Lénine, Trotsky et leurs adeptes. Les « Facultés ouvrières » ne sont que des écoles primaires supérieures, dépourvues, comme les écoles primaires elles-mêmes, de matériel scolaire, de livres, papier, « crayons ». La misère intellectuelle et morale y est aussi profonde que la misère matérielle et physiologique.

De la situation économique de la Russie, *Le Quoti-*

dien (1) nous fait un tableau presque aussi véridique
et satisfaisant que celui qu'il nous trace de son état
intellectuel. Les quelques réserves qu'il apporte à
ses éloges semblent n'avoir d'autre but que de paraître impartial et modéré pour mieux surprendre la
bonne foi des lecteurs ignorants ou naïfs. L'article est
intitulé : « Comment la République des Soviets a
organisé son industrie nationale ». A cette question :
« Les industries nationalisées fonctionnent-elles à
souhait ? L'expérience étatiste est-elle décisive ? », le
reporter, Pierre Martien, répond que « l'expérience
n'est *pas encore* décisive », ce qui laisse entendre
qu'elle sera « décisive » et excellente. Quelle est, en
effet, « la situation actuelle » ? La voici, d'après ce
rédacteur complaisant : « Les progrès de l'industrie
sont rapides ; si l'on évalue à cent la productivité
d'une branche d'industrie en 1913, on constate que,
de 1922 à 1923, la production métallique est passée de
38 à 53, celle des industries chimiques de 33 à 47,
celle des tanneries de 29 à 51, celle des papeteries de
52 à 76... La valeur du travail produit par un ouvrier
a suivi une progression analogue : de 100 en 1913,
elle était tombée à 26 en 1920 pour remonter à 29,
puis à 51, enfin à 60 en 1923...» Il est vrai que « les
usines travaillent souvent à perte ». Mais, par un
heureux et surprenant effet du régime communiste,
« une telle exploitation, catastrophique en pays capi-
taliste, n'est que gênante en Russie ! » Aussi l'auteur
conclut-il que, si « la situation de l'industrie est en-

(1) 5 septembre 1924.

core loin d'être brillante au pays des Soviets », cependant « les progrès sont très rapides et le régime trouve en soi les remèdes de ses essais malheureux, grâce à la netteté des diagnostics des enquêteurs. Il faut faire la part des circonstances difficiles du début et ouvrir un large crédit au gouvernement de l'Union... »

Les chiffres officiels du gouvernement soviétique et les rapports des voyageurs nous apprennent que l'idylle bolcheviste ne se présente pas sous un aspect aussi innocent. La production de la Russie soviétique est tombée environ au quart ou au tiers de la production de la Russie tsariste ; les ouvriers, militarisés et soumis à une discipline de fer, travaillent douze heures pour recevoir un salaire de famine ; la grève est interdite sous peine de mort ; toute manifestation de mécontentement est réprimée par les mitrailleuses ; les ouvriers en Bolchevie sont devenus de véritables esclaves. Mais les lecteurs du *Quotidien*, dupés, ne peuvent que se laisser glisser joyeusement sur la pente savonnée qui conduit au communisme. *L'Humanité* fait prendre en horreur les pays réfractaires à l'idéal bolcheviste, comme cet « enfer polonais » où sévirait d'après elle la « persécution de la pensée : l'eau, le fer rouge, les aiguilles sous les ongles, le courant électrique, la pendaison et la crucifixion, les coups jusqu'à la mort et les charbons ardents, voilà ce que le gouvernement de la Pologne réserve à des millions de corps innocents... Toutes pensées non polonaises, toutes manifestations de foi non catholiques, toutes pensées ouvrières sont étouffées impitoya-

blement » (1). Après ces inventions de roman-feuille-
ton, *L'Humanité* sert à ses lecteurs ses théories contre
le « colonialisme » : « Abd-el-Krim a vaincu un
impérialisme » — il s'agit du retrait volontaire et
méthodique des troupes espagnoles dans le Rif, —
« que fera le Bloc des Gauches si le Maroc français se
soulève ? » Car, dans sa fureur barbare, *L'Humanité*
ne rêve que l'écrasement de la race blanche et la destruction de la civilisation européenne.

Un problème cependant se pose pour *L'Humanité*.
Comment se fait-il que le « Parti » communiste n'ait
que cinquante mille membres, alors que *L'Humanité*
compte deux cent mille lecteurs et que neuf cent mille
électeurs ont voté pour le marteau et la faucille ?
L'Humanité répond : « C'est parce que le membre
du Parti ne cherche pas un sympathisant à faire adhé-
rer, parce que le lecteur de *L'Humanité* ne cherche
pas un nouveau lecteur pour *L'Humanité* » (2). La
vraie solution est tout autre : des neuf cent mille
électeurs, au moins huit cent mille, en votant pour
les candidats communistes, ou bien ne votaient pas
pour le programme communiste, ou bien ne savaient
pas ce qu'ils faisaient. C'est ainsi que fonctionne toujours le suffrage universel.

Les lecteurs ouvriers du *Quotidien* et de *L'Humanité* sont une minorité, mais une minorité agissante,
douée de toute la puissance que lui confèrent les forces occultes qui l'inspirent, l'éduquent, l'exaltent, la

(1) 12 septembre 1924.
(2) *Idem*.

manœuvrent. Cette minorité encadre la masse amorphe des travailleurs, indécise, prête à glisser dans le
sens où la poussent les flatteurs, les marchands de
mots sonores, les prometteurs de paradis sur terre, les
exploiteurs d'illusions. Et cette minorité n'est pas
seulement surexcitée par les mensonges d'une presse
infâme. Ses chefs, habiles metteurs en scène des passions populaires, les échauffent encore par les
meetings et manifestations publiques en faveur de la
Révolution.

En septembre 1924, deux essais de mobilisation des
forces révolutionnaires, au Trocadéro et à Courbevoie, ont été tentés et officieusement favorisés par le
gouvernement, avant qu'une mobilisation générale
fût réalisée avec le concours officiel des pouvoirs
publics, en novembre, à l'occasion de la panthéoni-
sation de Jaurès.

Le dimanche 21 septembre, une grande manifestation pour la paix est organisée au Trocadéro par les
Cégétistes, Paul-Boncour, Blum et les socialistes gou-
vernementaux. De grandes affiches, apposées dans les
quartiers excentriques de Paris et au Faubourg, l'annoncent. *L'Humanité* et les communistes la combat-
tent énergiquement. Sur la place du Trocadéro, des
communistes, vêtus aussi confortablement et même
aussi élégamment que des bourgeois aisés, distribuent
aux manifestants de la C. G. T. des manifestes rédi-
gés en termes violents contre celle-ci et annonçant une
prochaine manifestation des purs révolutionnaires. Je
compte environ un millier de cégétistes — parmi
lesquels je retrouve un camarade d'atelier — qui, der-

rière une trentaine de drapeaux et bannières rouges,
envahissent la grande salle du Trocadéro : des amis
et des curieux les y suivent et l'emplissent entièrement. La séance s'ouvre par le chant de l'Internationale entonné par l'assistance, debout et tête nue.
« ... Lutte finale... table rase... genre humain... »,
ces mots retentissent dans la vaste salle. On y remarque beaucoup d'étrangers : des Italiens, des Slaves,
des Juifs. Les cris de « Vive la paix ! » sont poussés
par ces fauteurs de guerres civile et étrangère, cris
bientôt dominés par celui-ci, plus conforme à leurs
véritables sentiments : « Vive la Révolution sociale ! »
et par cette autre clameur : « A bas toutes les dicta-
tures ! » Nous savons cependant qu'ils ne veulent la
Révolution sociale que pour imposer leur propre dictature au Parlement et la dictature du Parlement à
toute la nation. Ces clameurs viennent à peine de
cesser qu'une violente bagarre éclate entre les socialistes qui occupent une loge et ceux qui, placés au-
dessous, portent une pancarte avec cette inscription :
« A l'ordre de mobilisation, répondons par le refus de
partir ». Ils échangent des coups de canne et de
hampe de drapeau et déploient une telle énergie
qu'ils finissent par arracher le balcon de la loge. Le
règne de la fraternité et de la paix est commencé.
D'une voix éraillée et sur un ton grandiloquent de
prédicant échauffé, le président du bureau supplie les
perturbateurs de respecter les « pancartes humani-
taires ». Un représentant de la « Ligue internationale
des réfractaires », qui a été l'occasion de la bagarre,
vient, tout pâle encore, se plaindre des violences dont

il a été victime. Et c'est le signal de nouveaux tumultes.

La parole est alors donnée au député socialiste Paul Faure, qu'accueillent à la fois des applaudissements et des huées. Mon voisin murmure : « Ce qu'il nous l'a encore bourré, celui-là ! » Il reconnaît son erreur sans être guéri de ses illusions : il court se le faire « bourrer » par un autre. Paul Faure déclare apporter à cette manifestation « l'adhésion la plus totale du socialisme français ». Son discours est haché par des cris hostiles, des querelles et tumultes qui éclatent dans l'assemblée, imprimant à cette réunion socialiste et pacifiste son véritable caractère de ménagerie internationale. Lorsque le bruit devient trop fort, le président lève, éperdu, ses deux bras vers le public, dans un geste bénisseur de pasteur huguenot à la fin de son prêche. « Le capitalisme, clame Paul Faure, porte en lui, dans sa substance, la guerre. C'est par la destruction du capitalisme que la guerre sera détruite... » Il n'ose tout de même pas invoquer l'exemple de la Russie rouge qui, le capitalisme détruit, ne songe qu'à satisfaire ses ambitieux desseins d'impérialisme universel. Du balcon, une femme profère des interruptions où elle affirme sa foi communiste. Du parquet, on lui crie, sans respect pour le dogme de l'émancipation intégrale de la femme : « Va donc raccommoder des chaussettes ! » Derrière elle, une bagarre éclate dans un groupe d'où monte le cri de : « Sortez-le !... Eh ! salarié de Moscou !... »

Ferdinand Buisson, tête haute, l'air important, le

verbe interminable et soporifique, la voix caverneuse
et zézayante, prophétise : « L'heure est venue de
l'abolition de la guerre !... C'est une erreur de croire
que la guerre est indestructible et de dire qu'ayant
toujours existé elle existera toujours... » Après
Buisson-Creux, la « Grande Loge de France » et les
« Sociétés de la Paix » apportent leur appui officiel
à la manifestation par l'organe de Lucien Le Foyer,
agent de liaison entre la Maçonnerie et le Socialisme : « La guerre est factice. Elle est artificielle.
Le jour où nous le voudrons, la guerre disparaîtra ! »
D'une voix âpre, avec un accent véhément, des gestes violents, il poursuit : « L'émancipation des peuples de la guerre sera l'œuvre des peuples eux-
mêmes ! » Les poings fermés, le dos courbé, la tête
en avant comme un animal qui va foncer, ramassé
sur lui-même ainsi qu'un fauve prêt à bondir, ce
Marlborough de la paix « s'en va-t-en guerre » contre
la guerre. Et il vaticine : « Je dis que la paix est
proche ! que la paix véritable peut être organisée en
quelques mois !... — Comment ? » lui crie un audi-
teur. Oui, comment cela ? C'est la seule chose que
l'orateur n'ait pas dite. Mais il va nous la dire :
« Rien n'est plus simple », rugit-il avec des accents
à rendre Mounet-Sully jaloux dans sa tombe, « il
suffit de vouloir !... Rien n'est plus facile que d'organiser la paix quand on la voudra !... » Comment ?...
Merlin l'enchanteur garde son secret. Poings cris-
pés, levés à hauteur des yeux, tendus vers le public,
le semeur de paix n'a semé que des mots, lourds
d'une espérance mensongère. Mais les phrases du

phraseur ont soulevé les applaudissements d'une partie de l'auditoire, de la foule emphrasée : elle en a l'habitude.

Buisson avait calmé si profondément l'auditoire que Jouhaux put parler sans être trop interrompu par ses adversaires. Il en imposait, d'ailleurs, physiquement, par sa puissante stature de patron boucher ou d'agent des brigades centrales, par sa voix forte et de timbre haut ; il put jeter tout à son aise des phrases sans lien et sans pensée, mais animées des sentiments dont le public était venu entendre une fois de plus l'expression. Le lendemain, *L'Œuvre* (1) reproduira en grandes lettres une de ses affirmations, renouvelée de Le Foyer : « La paix sera si les peuples le veulent. »

Cette manifestation de nos *mencheviks* était suivie, le dimanche suivant, de la manifestation de nos *bolcheviks*.

Le dimanche 28 septembre, vers deux heures trente, les groupes communistes commencent à se former le long de l'avenue de la Défense, à Courbevoie. Des agents de police empêchent les automobiles de s'y engager : ce vast   rain est officiellement réservé comme champ de manœuvres aux évolutions des forces communistes. Les manifestants arrivent de tous les quartiers de Paris et de tous les coins de la banlieue. Ils sont mélangés de quelques Algériens et de quelques Chinois — déjà les prétoriens et les bour-

(1) 22 septembre 1924.

reaux au service des Lénine français ! — de quelques Espagnols et d'un nombre croissant d'Italiens qui achètent à un camelot les feuilles communistes : *L'Avanguardia, La Riscossa, Il sindicato rosso.* Les révolutionnaires vont et viennent, se cherchent, se groupent, fleur rouge à la boutonnière, ou ornés d'un brassard rouge, ou d'une cravate rouge, ou d'un mouchoir rouge. Les Italiens commencent à passer une chemise rouge par dessus leurs vêtements. Les drapeaux et bannières rouges sortent de leurs gaînes, portant au sommet des hampes le marteau et la faucille. C'est une tentative de mobilisation générale de l'armée révolutionnaire, sous l'œil bienveillant du gouvernement du Bloc des Gauches, son fourrier. Des femmes vendent *Le chant du communiste* (1) et le journal *L'Ouvrière ;* des hommes, *L'Avant-garde* et *La Russie nouvelle.*

Jusqu'à trois heures trente, le nombre des manifestants ne cesse de s'accroître. Leurs torchons rouges déployés mettent maintenant, tout le long de l'avenue, leur note sanglante. Une vingtaine de jeunes gens arrivent, drapeau au vent, en rangs par

> (1)   « Debout, masse de communistes,
>   Debout, force des producteurs,
>   Opposons-nous à ces fascistes,
>   A cette masse de voleurs,
>   . . . .
>   Pour nous, il faut faire disparaître
>   Tous ces bandits et assassins.
>   C'est à nous de régner en Maîtres.
>   . . . .
>   Nous confisquerons tous leurs biens
>   . . . . »

11

quatre, au pas cadencé, commandés par un chef de
section. (Ce sont des antimilitaristes.) Quelques pan-
cartes manuscrites se dressent au-dessus des têtes :
« Cellule 5i3 », « Cellule 5i5 », « Cellule 5a6 »,
« Vive la dictature prolétarienne », « Vive les soviets,
vive l'armée rouge », « Ne touchez pas à la Chine »,
« Evacuez le Maroc », « Evacuez la Ruhr ». Sous les
arbres, viennent se ranger les « pupilles communistes », garçonnets et fillettes, coiffés du bonnet rouge ;
ils entonnent « l'Internationale ». La pancarte du
groupe chinois proclame leur nationalisme intransi-
geant : « Le groupe chinois contre l'intervention des
impérialismes en Chine. »

Puis, le défilé commence : près d'un millier d'Italiens, dont la moitié en chemises rouges, répartis en
« centuries », chacune déployant son drapeau et com-
mandée par un chef, défilent par quatre, au pas
cadencé — une armée. Des curieux qui font la haie,
partent sur deux ou trois points du parcours quelques maigres applaudissements. Ils sont suivis d'environ deux cents pupilles communistes, puis de quatre groupes compacts de manifestants français comptant au total environ trois mille hommes, femmes et
jeunes gens ; chaque groupe s'avance derrière une
vingtaine de drapeaux rouges ; c'est une foule en
désordre, une cohue, une horde, braillant par accès
le refrain de l'*Internationale*, coupé par quelques
cris de « Hou ! hou ! le bloc des gauches ! », « Cons-
puez Herriot ! », « Herriot à Charenton, tontaine !... »
Un indigène algérien, de haute stature, en burnous,
s'avance en tête d'un de ces groupes. Un jeune

homme hurle, en se tournant vers le public, mais sans y trouver d'écho : « Rendez la Ruhr ! Evacuez le Maroc ! Vive les Soviets ! Vive l'armée rouge ! A bas la Société des nations ! » Derrière le monument de la Défense, trois tribunes se dressent : divers orateurs s'y succèdent. Je cueille ces phrases, au passage : « De la guerre qui vient de finir doit sortir la guerre civile, l'anéantissement de la bourgeoisie et l'avènement du prolétariat ! » « Le prolétariat doit se mettre aux côtés des nationalistes chinois qui veulent garder la Chine aux Chinois ! » De même, le Maroc aux Marocains et l'Algérie aux indigènes algériens. Ces internationalistes ne le sont qu'en France pour l'affaiblir et même la détruire : hors de France et contre elle, ils sont partisans de tous les nationalismes même impérialistes et s'attachent à les déchaîner. En exaltant la xénophobie des races barbares, les révolutionnaires ne visent, à la suite des tyrans de la Russie rouge, qu'à détruire dans le monde l'ordre international et la paix que les Etats européens avaient réussi à y faire régner, et, en France comme dans chaque pays de civilisation occidentale, l'ordre intérieur qui, même imparfait, assure encore à leurs populations le haut degré de bien-être et de culture auquel ils sont parvenus.

Au total, il pouvait y avoir là quatre mille manifestants, dont au moins un quart d'étrangers, et une centaine de drapeaux rouges déployés. Mais que de chemin parcouru depuis un an ! Au cours de l'été et de l'automne de 1923, je ne constatais rien de plus que la mobilisation des cadres, aux meetings de la rue Grange-aux-Belles (1). Dans les six mois qui ont suivi, la campagne électorale a permis d'étendre aux troupes l'influence et la discipline de la C.G.T.U. et des moscoutaires. Les élections générales, en livrant le pouvoir aux bourgeois Jacobins, a fourni aux Babouvistes le point d'appui et les complicités officielles qui leur étaient nécessaires pour travailler efficacement et vite à la ruine générale.

Le lendemain de la manifestation unitaire, *Le Peuple* (2), organe officiel des Cégétistes, écrit que « ce fut... une ridicule mascarade : l'exhibition des redoutables centuries ! » Et il lui oppose « une imposante manifestation ouvrière : dix mille travailleurs de Tourcoing, inaugurant la Bourse du Travail confédérée, affirment leur attachement à la C.G.T. ». Ce fut, au contraire, à Courbevoie, « un ridicule fiasco communiste ». Tout à l'inverse, *L'Humanité* (3) étale en manchette ces phrases pompeuses : « Splendide démonstration internationale. Des dizaines de milliers de prolétaires acclament les soviets et affirment leur volonté de paix mondiale par le renversement de la bourgeoisie. » *L'Œuvre* (4) imprime en gros caractères, à la suite de son titre : « Qui prétend que nos bolchevistes n'ont rien inventé ? Dimanche, les Chemises-Rouges ont su trouver des chemins qui ne vont pas à Rome. »

(1) V. *De la Popinqu' à Ménilmuch'*, pp. 169-188.
(2) 29 septembre 1924.
(3) 29 septembre 1924.
(4) 30 septembre 1924.

La campagne inusitée de meetings qui s'était pour-
suivie, en 1923, pendant l'été et l'automne, rue de
la Grange-aux-Belles, avait pour buts de mobiliser
les cadres révolutionnaires et les militants et de préparer de loin les élections législatives de mai 1924.
Les résultats cherchés étant obtenus, le foyer de
désordre et de dissolution sociale, que le local de la
rue Grange-aux-Belles constitue, couve, de juillet à
novembre 1924, sous la cendre : c'est la période des
vacances et les chefs révolutionnaires préfèrent les
passer en villégiature dans les montagnes ou sur les
plages à la mode ; reposés, ils reprendront ensuite
leur travail de ruine, que paie si largement l'argent
de l'étranger.

Toutefois, les agents révolutionnaires tentent d'agi-
ter directement le Faubourg lui-même. Le lundi
18 septembre 1924, dans la salle du Ciné de la rue
de Citeaux, au cœur du Faubourg, près de l'hôpital
Saint-Antoine, les « Jeunesses communistes » donnent une conférence publique « pour l'évacuation
de la Ruhr et du Maroc, contre le plan des experts
et pour la journée de huit heures ». A l'heure annon-
cée, huit heures trente, il n'y a encore que trois
jeunes hommes dans la salle. Des brochures de Marty,
« Dans les prisons de la République » et « L'amnistie intégrale », sont mises en vente. A neuf heures,
je compte dix-huit hommes et jeunes gens et une
femme ; peu après, surviennent une demi-douzaine
de jeunes hommes. Et c'est tout. Tous ces auditeurs
semblent des ouvriers. Le conférencier, un jeune
homme roux au type sémite, vêtu fort bourgeoise-

ment, constate l'échec de la réunion, mais estime qu'il n'y a pas lieu de se décourager ; il faut bien lutter ; on finit par atteindre le but. Nous avons sous les yeux, dit-il, l'exemple de la Révolution russe « qui a réussi : la production est de plus en plus abondante » (la production de cadavres) « au point d'égaler bientôt celle d'avant-guerre. Le prolétariat a donc prouvé qu'il était capable de gérer un grand Etat... ».

Le jeudi 2 octobre, dans le même Ciné, c'est une réunion publique anarchiste. Environ deux cent cinquante personnes ont pris place dans la salle : quelques femmes, surtout des jeunes hommes, ouvriers pour la plupart ; çà et là, quelques semi-bourgeois ou employés et surtout de vagues esthètes, pseudo-intellectuels à longs cheveux et amples feutres noirs, qui hantent plus habituellement Montmartre, Montparnasse et le Quartier latin. Le premier orateur appartient à cette bohême : une quarantaine d'années, petit et bedonnant, une face large, un nez fin, un front bombé complètement dénudé, une auréole de cheveux longs et bouclés, des vêtements noirs, un pantalon bouffant. Il parle doucement, avec onction, émaillant son discours de grossières fautes de français. Il se montre vide, nul, vaseux, incohérent. Il vante les « joies de la famille » et reproche au gouvernement de « commettre des illégalités ! » Que fait-il de la doctrine anarchiste ! Il réclame la mise en liberté de tous les prisonniers : « Tous ceux à qui la société doit ses progrès n'ont-ils pas été jetés en prison, depuis Socrate ? » La société aurait-elle donc progressé ? N'est-elle plus la cause de tout le mal dont souffre l'homme naturellement bon ? Et le devoir de l'anarchiste n'est-il plus de travailler à détruire la « société » ? L'orateur ne pèche pas que par ses contradictions et par son ignorance de la doctrine qu'il prêche ; il se montre prodigieusement ennuyeux, au point qu'un « camarade » lui crie : « T'as assez parlé ! Il y en a d'autres qui attendent leur tour ! » Voilà une atteinte à sa liberté de parler. Mais sa parole était elle-même une atteinte à la liberté du « camarade » de ne plus l'entendre. Comment s'y reconnaître dans ce conflit de libertés ? Par un coup d'autorité ? L'interrupteur y a réussi : l'orateur a hâtivement conclu en quelques phrases et quitté la tribune. L'autorité a le dernier mot, même en anarchie.

L'orateur qui lui succède est vêtu comme un ouvrier endimanché. C'est un grand gaillard au visage maussade, couturé de rides. Sa parole claire et correcte commande l'attention. Il reprend le même thème : il faut ouvrir les prisons ; tous les hommes ont droit à la liberté. La liberté ne se donne pas : elle se prend. « Nous sommes venus réveiller le vieux Faubourg endormi !... Nous entendons empêcher que se renouvellent les atrocités de l'Inquisition ! »

Et Colomer monte sur l'estrade, tout de noir vêtu. De la tunique à col droit, émerge son mufle de chien hargneux coiffé d'une perruque de femme. On pense à un Danton chevelu ou à quelque anthropoïde égaré dans Paris. Son front fuyant, étroit et bas, noyé sous une chevelure surabondante qui tombe en masse épaisse jusqu'aux épaules, écrase des yeux à fleur de tête qui flanquent un nez trop court et retroussé de clown ; la haute lèvre supérieure, le très long menton, la large bouche aux lèvres minces, la mâchoire prognathe lui font un masque de brute hideuse et féroce qui aurait perdu sa muselière. D'une voix forte, le bras tendu, il crie qu'il faut, par une amnistie générale, libérer tous les prisonniers !

Ces émeutiers qui chôment n'ont besoin que de troupes.

Dans l'assistance, je remarque quelques têtes de souteneurs, débraillés, la chemise sale, le veston ouvert, la ceinture du pantalon de velours montant presque sous les bras ; çà et là et sur l'estrade, des « camarades » à têtes de faiseurs de barricades, d'escarpes de fortifs, de rôdeurs de barrière.

La première réunion révolutionnaire avait échoué. La seconde rencontre un premier succès. Communistes ou anarchistes, ils continueront leur propagande et obtiendront une meilleure réussite. L'effort est toujours récompensé. L'obstination détruit l'obstacle. Ainsi grandit l'orage.

Le théâtre ajoute son influence à celle des manifestations sur la voie publique et des orateurs de meetings. *L'Ambigu* joue « *Le grand soir* ». « Cette œuvre puissante, dit l'affiche, chef-d'œuvre du théâtre contemporain, créée en 1907, n'a jamais été reprise. C'est une œuvre à la fois historique et d'actualité. Le Grand Soir, c'est tout le prélude de la grande révolution russe. C'est toute l'histoire des

opprimés et des martyrs de la liberté. » La pièce
compte trois actes : « Le martyr des héros. — La
cause en marche. — Le grand soir. » C'est, en réalité, un drame dénué de vie, dépourvu d'intérêt, et
si court qu'il occupe difficilement une soirée, même
commencée tard, terminée tôt et coupée d'entr'actes
aussi longs que les actes eux-mêmes. Des nihilistes
russes impriment clandestinement une feuille révolutionnaire ; à la suite d'une perquisition, ils sont
arrêtés ; le comité révolutionnaire décide de lancer
une bombe sur le gouverneur ; un des conspirateurs, malgré son amour pour une complice, réclame
l'honneur de se sacrifier en tuant le haut fonction-
naire ; il donne sa vie pour la « cause », lançant la
bombe au signal de son amie.

Dès sept heures et demie, deux douzaines de personnes font queue devant les guichets. A huit heures, je compte sept ou huit ouvriers et beaucoup
d'employés ou de petits bourgeois, fort bien vêtus,
dont trois Catalans, trois Juifs qui parlent yidish et
huit jeunes Français accompagnés d'un Juif. Ces derniers forment un groupe où les uns lisent *La Vie
ouvrière* et les autres *L'Humanité*. « C'est une pièce
à tendances anarchistes, dit l'un d'eux. Un amal-
game de balourdises, voilà l'anarchie. — Il doit y
avoir ici, dit un autre, pas mal de communistes...
— Nous formons une cellule », dit un troisième, par
allusion aux cellules de noyautage, dont *L'Humanité*,
depuis quelques semaines, préconise chaque jour la
création.

Rapidement, la queue a grossi et s'est allongée.

A huit heures cinq, le bureau ouvre son guichet. Le garde municipal ne nous laisse passer que par très petits groupes. L'amphithéâtre coûte trois francs ; au-dessous, les secondes galeries, six francs cinquante. Je grimpe à « *l'amphi* ». Déjà y ont pris place des ouvriers en casquette, d'autres en chapeau, des femmes, des adolescents. Une demi-douzaine de jeunes ouvriers font une entrée bruyante : « Où c'est qu'elle est la section de la Jeunesse communiste ? » demande, narquois, l'un d'eux. Un autre, gouaillant : « On est de l'Action française ! — Ah ! ça se voit sur vos g... ! » leur crie un spectateur. Mais ils ne vont pas tarder à faire étalage de leurs sentiments anarchistes : ils sont ennemis des communistes de Moscou tout comme des bourgeois. L'un d'eux remarque, railleur : « Déjà tant de monde ! Mais c'est le parti des masses !... » Il ricane : « Ils sont au moins trente mille... » Il interpelle un camarade : « Eh ! syndicaliste réformiste ! — Réformiste ! » proteste l'autre ; et il rectifie : « Non, unitaire ! » Car il y a les syndicalistes réformistes, les cégétistes, les communistes unitaires, les anarchistes purs, pour ne prendre que les principaux groupes anti-bourgeois. « Jean va crier : Mort aux vaches ! — On se fera sortir. On deviendra acteur — ... Ah ! mais ! ça manque de lumière, ici ! — C'est la lumière moscovite ! — On l'aurait belle de balancer un flic par dessus la balustrade ! » Et l'un d'eux entonne à mi-voix le chant de Ravachol dont le refrain s'achève par : « Vive l'anarchie ! Mort aux vaches ! » Un autre interpelle un de ses camarades : « Tu veux

Le Libertaire ? Le voilà ! » Un autre : « Charlot est soutien de famille... Il est seul ! » Grands éclats de rire. « Ah ! oui, c'est lui qui est secrétaire du syndicat des chômeurs ! — Pauvre *poteau* ! (1). — Faut bien *se marer...* (2). — Tu ne sais pas ce qu'il me dit ? Il me dit : excuse-moi si je te demande pardon, je suis Jean, de Brest... — Ah ! là là ! Demain, on trouvera bibi assommé dans une poubelle... » Toutes ces plaisanteries s'entrecroisent au milieu de rires qui agacent Charlot, au point qu'il leur crie : « Bande de c...! Allez donc avec la bande à Jouhaux! » Et il menace de taper sur ses amis, ce qui rétablit le silence pendant quelques secondes. « A quelle heure que c'est, l'entr'acte ? J'commence à avoir soif ! » reprend l'un d'eux. « L'autre jour, dit un des loustics, on avait ameuté tout le ciné. On nous criait : gueulez pas comme ça ! ça nous empêche *d'entendre !* Dites ! hein ? d'entendre ! Ah ! ah ! ah ! ah ! — Ah ! oui. Tu parles d'un chahut qu'on a fait là-dedans ! C'était la Révolution ! — On est contre le mariage, nous autres ! On est pour l'amour libre ! » Beaucoup d'employés, de petits bourgeois ou de commerçants ont pris place dans la salle. A l'orchestre, au balcon, aux loges, même aux premières galeries, on voit beaucoup de femmes assez bien mises, en corsages demi-décolletés. « Chahute-moi pas quand j'mange ! reprend un des jeunes anarchistes. — Oui, fait un autre. Ne le chahute pas. Il est

(1) Camarade, ami.
(2) S'amuser, rire.

nerveux. Et puis (sur un ton ironique), c'est un par-
tisan de la violence : il est violent. » Un des jeunes
gens reprend à mi-voix la chanson de Ravachol. Partout ailleurs, les spectateurs attendent patiemment et
en silence le lever du rideau.

Les huit Français et le Juif, qui formaient une cellule en faisant queue et lisaient *L'Humanité* et *La Vie
ouvrière*, ont pris place au premier rang de l'amphithéâtre. Voici que deux d'entre eux déploient une
Humanité et l'étalent sur le balcon ; un troisième y
étale *La Vie ouvrière*. Derrière moi, un des jeunes
« anarchos » dit à son voisin : « Regarde là-bas
L'Humanité. — Torchon bourgeois ! grommèle l'autre. — J'ai failli ne pas venir à l'Ambigu. Je serais
allé au *Grenier.* On y rencontre des copains. —
Regarde donc en bas : il y a des bourgeoises... »
Trois autres *Humanité* sont déployées, par manière
de manifestation silencieuse, à l'autre extrémité du
premier rang de l'amphithéâtre. Puis, deux autres,
aux deuxièmes galeries. Les amis se cherchent. Alors,
aux deuxièmes galeries, deux *Libertaire* sont étalés
très ostensiblement par deux jeunes gens, habillés
avec quelque recherche. « Tiens ! » dit un des jeunes anarchistes assis derrière moi, « il y a des libertaires, là-bas. » Et leur groupe déploie à son tour
trois *Bataille syndicaliste.*

Le public s'amuse de ces exhibitions et pousse de
petits rires. Anarchistes et communistes se comptent
et s'affrontent. Les jeunes libertaires de l'amphithéâtre se reprennent à plaisanter : « Travaille bien pour
ton patron. Il t'aura de la reconnaissance et te paiera

plus cher. Comment veux-tu qu'un patron n'ait pas
de la reconnaissance si tu travailles bien !... Nous
avons fait grève huit jours : le patron nous a été
reconnaissant ; il nous a augmentés !... Ah ! j'sais
c'que c'est que l'imprimerie : j'y ai travaillé quinze
jours... J'ai des références... J'ai cassé un carreau...
Toi, c'est à l'imprimerie du *Matin* que t'as travaillé ?
T'as travaillé pour des bourgeois !... »

Le rideau se lève. Une demi-douzaine de nihilistes,
hommes et femmes, impriment secrètement un journal révolutionnaire. L'un d'eux ayant dit : « Que
la Révolution éclate donc ! De la Russie, elle se répan-
dra sur le monde ! » un des jeunes libertaires
demande : « C'est donc en Russie que ça se passe ? »
Il ne s'en était pas encore douté. Parmi ces Russes
apparaît un vieux Juif qui, dans un langage passionné, exalte leurs sentiments révolutionnaires.
Tous, ils s'échauffent à l'idée de la « Cause » pour
laquelle ils ont tout sacrifié. Ils se répandent en tirades violentes, en appels à l'effusion du sang à travers
les héca ombes de morts, ils saluent une aurore de
bonté et de joie ; dans leur âme chavirée, se mêlent
des rêves d'idylle et des visions d'effroyables char-
niers. Les apologies du meurtre libérateur, auquel
ces énergumènes se livrent, ne provoquent que les
maigres applaudissements de la claque. L'acte
s'achève sur l'arrestation des nihilistes. Les soldats
de police sont accueillis par les injures du public de
l'amphithéâtre qui leur crie : « Salauds ! vaches ! »
pendant que, derrière moi, les jeunes libertaires
clament : « Vive l'anarchie ! Vive Germaine Berton ! »

L'amphithéâtre n'est qu'à moitié garni de spectateurs.
Le reste de la salle est presque complètement empli.
Près de moi, à l'amphithéâtre, un jeune couple, au
type juif. Un autre profil sémite se dessine non loin
de là. Un ouvrier sans gilet ni faux-col est assis au
premier rang des premières galeries.

Le second acte est en partie consacré à une petite
histoire d'amour entre deux des conspirateurs. Cette
maigre idylle dans cette pièce vide — ni action vraie,
ni caractères, ni idées, seulement des déclamations
ennuyeuses, inspirées par un mysticisme sanglant et
un illuminisme meurtrier — explique peut-être qu'enfin de brefs applaudissements crépitent un peu partout.

Pendant l'entr'acte, un « journal lumineux » ciné-
matographié projette sur le rideau les dernières nouvelles de la soirée. Nous apprenons ainsi que le général Pershing prend sa retraite. Un « Hou ! » et un
« A bas l'armée ! » sont lancés à son adresse. Le portrait du « révolutionnaire » chinois Sun Yat Sen provoque, au contraire, les applaudissements de quelques
groupes de spectateurs. Un des jeunes libertaires de
l'amphithéâtre crie de nouveau : « A bas l'armée ! »
Ses camarades recommencent à échanger des propos
qu'ils jugent plaisants : « C'est grâce à moi, raconte
l'un d'eux, que ma mère est venue au monde... » On
entend, aux fauteuils d'orchestre, crier : « A la
vanille ! » Un des jeunes s'exclame : « Tiens ! en bas,
le marchand de nougats qui se réveille ! — Eh ! l'Bre-
ton ? fait un autre. — Ben, quoi ?... Parce que je
suis provincial ?... Eh bien ! Parisien ! tu ne sais pas

que c'est la France qui appartient à la Bretagne ? Le poisson qu'on mange à Brest vaut mieux que le goujon de la Seine !... » Il est bien nationaliste, ce libertaire internationaliste !

Le troisième acte s'achève sur le bruit de la bombe qui éclate. La claque et quelques petits groupes applaudissent pendant qu'un homme crie : « A bas la dictature ! » (sauf, bien entendu, celle du prolétariat) et les jeunes libertaires : « Vive l'anarchie ! Vive Ravachol ! Vive Casério ! »

Les trois actes, brefs et fastidieux, séparés par des entr'actes interminables, ont permis de retenir le public jusqu'à onze heures et demie. Au point de vue théâtral, cette pièce est d'une parfaite nullité; comme apologie de la Révolution, elle contient un poison actif, elle vaut comme excitant aux pires aberrations collectives.

L'Ambigu, ainsi que tous les théâtres des boulevards, reçoit de tous les quartiers de Paris sa clientèle. On y vient du Faubourg comme de Ménilmontant ou de Grenelle. Au contraire, le théâtre de quartier recrute ses clients sur place. Pendant que je travaille au Faubourg, on joue dans la banlieue une pièce anticléricale de Montéhus : *Le prêtre en guenilles*. Après avoir été promenée dans Paris, elle fait l'objet d'une tournée de banlieue avant de voyager, l'hiver suivant, à travers la province. Elle mérite d'être signalée comme marquant le réveil de la propagande anticléricale par le théâtre. Cette pièce, lit-on sur l'affiche, « n'est qu'un cri d'amour et d'humanité ». Il faut toujours s'entendre sur le sens des mots : au nom de l'Evangile, « le prêtre en guenilles » provoque directement au pillage et à l'assassinat et menace ses contradicteurs de la guillotine. Sur l'affiche, est dessinée la silhouette d'un prêtre couvert d'une soutane en haillons et portant sur l'épaule une croix qui est un poteau-frontière arraché du sol. Le héros de cette pièce est un jeune prêtre qui prêche les idées révolutionnaires dont il présente le Christ comme l'apôtre. Les riches fermiers de cette paroisse rurale le font chasser de son presbytère. Ils sont dépeints sous des couleurs odieuses. Les acteurs se répandent en tirades contre les riches : « Dans la vie, les riches sont les plus forts... » ; en chants contre l'armée : « Les larmes des pauvres bleus... » ; en propos contre la patrie : « Partout où j'ai gagné mon pain, je me suis dit que c'était là ma patrie... » Et le curé s'écrie : « Qu'est-ce qu'un étranger ? et qu'est-ce qu'un pays ? Celui qui ne possède rien, où est sa patrie ? Il est comme un étranger au milieu des riches qui possèdent la terre. Le travailleur doit avoir le fruit de son travail, et non pas le riche le fruit du travail des autres. Qui ne travaille pas n'a pas le droit de manger ! Que l'impôt frappe, non pas les salaires, mais les fainéants ! » Le garde-champêtre surprend le curé chargé de fruits et de légumes récoltés dans les champs : « Vous les avez volés ! — Je les ai cueillis. — Ils appartiennent aux propriétaires ! — Non, mais à la nature qui les a fait pousser. Ceux qui ont fait la loi étaient à l'abri de la faim et du froid. De l'homme qui a faim, la loi fait un révolté et un repris de justice... Si ces iniquités ne sont pas détrui-

tes, le peuple dansera la Carmagnole !... Moi, qu'on
appelle le prêtre en guenilles, je suis l'ami des miséreux ; tous les gueux sont de ma famille. Allons !
garde-champêtre, ne sois plus le chien de garde des
riches ! Ne conduis plus les miséreux en prison, mais
chez moi ! S'il reste un peu de vin, il sera pour eux
et, s'il fait froid et que je n'ai plus de bois pour les
réchauffer, j'irai en voler !... » Il fait chanter une
chanson, qu'il a composée, sur les « horreurs de la
guerre » ; il proclame « le Christ, le plus grand
socialiste de tous les temps ». Il se plaint d'être
chassé de son presbytère : « ... J'en ai été chassé
parce que j'ai fréquenté, non les salons, mais les
chaumières, parce que j'ai déshonoré la guerre, parce
que j'ai prêché l'amour et non la haine ! » Et, tout
à la fin : « Le poteau-frontière, c'est la croix qui
écrase le monde ! Attention, dirigeants ! Vous avez
dit que ce serait la dernière des guerres ! Qu'il en
soit ainsi ! sinon, voici ce qui vous guette : le spectre
rouge de la Révolution ! A bas la guerre ! » La toile
du fond s'éclaire des reflets rouges d'incendies sur
lesquels se profilent des potences et des guillotines.
Et la toile tombe. Cette pièce, au nom de la fraternité des peuples et de l'amour du genre humain, prêche la haine des classes, la guerre sociale, le massacré, le sang.

En même temps, une pièce anticatholique de Téry
est promenée de théâtre en théâtre. Pendant que je
travaille au Faubourg, elle est jouée sur la scène du
quartier, « *Royal-Théâtre-Variétés* ». L'affiche la présente en ces termes : « *Les fruits défendus, ou la fille*

12

mère. Pièce en trois actes, de M. Gustave Téry, directeur du journal *L'Œuvre*. Une amusante et vivante
comédie, qui est en même temps un éloquent réqui-
sitoire contre ce crime : la guerre. »

Un dimanche soir, la salle est presque complètement remplie d'ouvriers, d'employés, de boutiquiers
et de petits bourgeois. La pièce de Téry est un plai-
doyer en faveur de la maternité libre, présentée
comme le moyen de repeupler la France décimée par
la guerre. Cette thèse provoque les applaudissements
et les approbations verbales d'une partie des spectateurs. Les mauvais instincts répondent toujours à
l'appel qu'on leur adresse. Les bons aussi. L'homme
est très malléable et les influences qui s'exercent sur
lui en font leur jouet. Un sarcasme irréligieux, une
critique blasphématoire de la fête de la Purification,
lancés par un acteur, soulèvent les rires de toute la
salle, conquièrent son approbation. La fille d'un marquis a, comme la bonne, « fauté » : elle déclare hautement qu'elle n'a pas à en rougir et qu'elle n'en
rougira pas. Toute la salle applaudit : des spectatrices
manifestent énergiquement leur approbation. De
nombreux jeunes gens des deux sexes, des enfants
amenés par les pères et les mères s'adaptent à ces
leçons morales. L'entrée en scène d'un évêque provoque des pouffements de rire, des exclamations iro-
niques. « Tiens ! un curé ! » s'écrie railleusement,
derrière moi, une femme. Le marquis critique vivement la morale catholique du mariage : « A l'arbre
de vie, proclame-t-il, il n'y a pas de fruits impurs,

pas de fruits défendus ! » Devant cette hostilité, l'évêque se retire silencieusement, salué par les rires
moqueurs de toute la salle.

Il se produit donc dans le public un réveil très net
des sentiments antireligieux et anticléricaux sous
l'influence des excitations extérieures. La thèse de
cette pièce — l'amour libre et la maternité libre remé-
dieront à la diminution de la natalité — n'est pas
seulement anticatholique et immorale : elle est
absurde. Pas un spectateur ne s'en aperçoit.

Une rapide analyse de quelques autres pièces jouées
sur le même théâtre du Faubourg permet de comprendre la nature des influences qui s'exercent sur
ses habitants et les moyens mis en jeu pour modeler
sa sensibilité, inspirer ses jugements et ses actes, for-
ger la chaîne de ses habitudes.

Un dimanche soir, on y donne une « fantaisie-
bouffe » : « *L'Amour sur la glace.* » Les places coûtent de trois francs à six francs cinquante. Dans la
salle, je compte une vingtaine de jeunes gens en casquette, sans faux-col, en veston sans gilet, la plupart
accompagnés d'une fille, et une quinzaine de jeunes
ouvriers en casquette, mais avec faux-col et cravate.
Un homme accompagne sa femme et ses enfants ; ils
sont tous bien habillés, mais lui n'a pas mis de faux-
col. La plupart des spectateurs sont convenablement
vêtus ; ouvriers aisés, employés, petits commerçants.
Quelques jeunes filles et quelques garçonnets ou fillettes accompagnent leurs parents. Un jeune ménage,
au type oriental, s'installe au parterre, avec l'enfant

au maillot, que la mère allaite. La salle est pleine lorsqu'à neuf heures se lève le rideau.

La pièce n'est qu'un prétexte à exhibition de femmes en pyjamas. Elle est écrite à la louange de la polygamie et de la débauche. Les mots à double sens émaillent les propos des acteurs, faisant partir des fusées de rires dans toute la salle. Sur la scène, les attitudes lascives, les gestes grossiers sont multipliés à plaisir, mêlés à toutes les drôleries que peut imaginer un comique de talent. Tout le spectacle tend à désarmer le spectateur si par hasard il se tient sur ses gardes et à le mettre sous la fascination des images licencieuses et sous le joug de la volupté. L'assistance diffère de celle de Charonne par plus de tenue ; elle semble plus triée, plus éduquée ; on ne lui sert pas moins de leçons d'immoralité.

Dès le vendredi soir, le public commence à fréquenter le théâtre, les cinés, les cafés du Faubourg et, dans la rue du Faubourg, les promeneurs y circulent jusqu'après dix heures. Mais c'est le samedi soir que se produit la plus grande affluence. Les *Royal-Variétés* ont annoncé « Georgius, dans ses nouvelles chansons et dans sa pièce — *Fais donc téter l'petit* — vaudeville ultra-fantaisiste ». Près de moi, en bas, aux fauteuils de côté, ont pris place : un ouvrier — environ vingt-cinq ans, casquette, faux-col mou et cravate, complet propre, de couleur sombre — accompagné d'une jeune femme très poudrée ; un jeune ménage ; une famille d'ouvriers, le père, sans gilet ni faux-col, la mère, une fillette d'une douzaine d'années, en tablier à carreaux blancs et bleus ;

ils accueillent amicalement, à leur entrée dans la
salle, un jeune ouvrier qu'accompagne une femme
élégante, poudrée et très peinte. Un jeune garçon épi-
cier, qui vient de sortir de chez Potin, en face du
théâtre, escorte une jeune personne poudrée, décol-
letée, casquée d'un petit chapeau noir a fleur rouge.
Un ouvrier, de trente-cinq à quarante ans, gros,
rouge, confortablement vêtu, coiffé d'une casquette
grise, un cache-col dissimulant l'absence de col,
s'assied aux fauteuils, à côté de sa jeune femme (ils
portent une alliance), en cheveux, une fourrure sur
les épaules. Un ouvrier, sa femme et leur jeune
enfant, deux ouvriers, sans faux-col, l'un coiffé d'un
chapeau mou, l'autre d'une casquette, quatre jeunes
ouvriers, de dix-sept à vingt ans, coiffés de chapeaux
mous, occupent plusieurs loges ; dans une autre loge,
deux jeunes ouvriers, casquette en tête, venus avec
deux filles en cheveux. A l'orchestre, une vingtaine
de jeunes ouvriers, en casquette, sans faux-col ; des
employés, avec le chapeau mou ; des femmes, des
couples d'ouvriers et de petits bourgeois ; un homme
et une femme âgés, très modestement vêtus, lui en
casquette, elle en cheveux ramassés en un chignon
minuscule, accompagnent un jeune homme, leur
petit-fils sans doute. Une femme, vêtue avec la plus
extrême simplicité, chaperonne sa fille — qui est poudrée, porte les cheveux coupés à la nuque, étale ses
épaules nues, une écharpe rose vif jetée sur le corsage
— et, près d'elle, un garçonnet de sept à huit ans. Un
ouvrier d'une quarantaine d'années, pantoufles aux
pieds, casquette à visière de cuir, fort usagée, sur le

chef, conduit sa fille — quinze à seize ans — à ce spectacle. A l'orchestre, au premier rang du balcon, des fillettes de huit à dix ans, avec père et mère... Fumée des cigarettes, brouhaha des conversations, lumière rouge ou blanc-bleuté des lampes pressées le long d'un cordon éclatant, bras nus, colliers de perles fausses, vestons flasques sur chemises fripées, salle comble, presque entièrement garnie d'ouvriers de tout âge, seuls ou avec leurs amies, leurs femmes, parfois des enfants, même de jeunes marmots tenus sur les bras : voilà l'aspect de *Royal-Variétés* au moment où l'orchestre attaque les premières mesures. Sa musique de foire se perd dans le tumulte des voix. Le rideau se lève : le silence s'établit. Chanteurs et chanteuses défilent sur la scène brutalement inondée de lumière crue, tandis que la salle est plongée dans la pénombre. Le reflet de la lumière de la scène éclaire les visages tendus, les regards fixés sur l'artiste : appels à la luxure, l'infidélité conjugale présentée comme un fait général et un état normal, mots et gestes équivoques, telle est, d'emblée, l'atmosphère morale de là salle. « J'gobe les p'tites femmes, les p'tites fa-femmes... », chante Georgius. Une chanteuse, dans un rôle de *pierreuse*, vante son « mâle » qui « préfère aux autels bénits les hôtels garnis... » Et la leçon de catéchisme laïque se poursuit pendant des heures, avec une pantomime de gymnaste ou une désarticulation de pantin, que saluent les rires des femmes, les bravos des hommes, les applaudissements de toute l'assistance. On est tout surpris, dans un pareil milieu, d'entendre tout d'un coup un chanteur — introduit au milieu de ces grivoiseries et de ces ordures pour les faire mieux valoir par contraste — conseiller de « faire des petits Français », car la France se dépeuple, et inviter en termes pressants les jeunes filles à rester sages plutôt que de devenir des « catins ». Ce bref et moral intermède est salué par les vifs applaudissements d'une partie — seulement — et d'une petite partie des spectateurs.

Dans les cinés, où les enfants et les adolescents, en si grand nombre, se mêlent aux adultes, plusieurs films, que semble laisser passer une censure complice par ordre supérieur, commencent leur triste initiation. En voici deux exemples :

A *Citeaux-Ciné*, un dimanche en matinée, la salle est presque à moitié vide ; plus de la moitié du public se compose d'enfants et, pour le surplus, de vieilles femmes, de quelques braves ménages, de Français, de Juifs. Peu de monde et une quantité d'enfants, cela caractérise les matinées dominicales des Cinémas, pendant la belle saison. La séance commence par le film « *Le beau pays de France* ». Ce sont des vues de monuments et d'habitants de quelques villes de l'Ouest : la nouvelle Terre promise, dont Juifs et juivaillons, chassés de Pologne, Hongrie, Bulgarie, Roumanie, Russie, par la « persécution », se hâtent de prendre possession. Après un film de pitreries invraisemblables, on sert à ce public d'enfants une histoire de double adultère qu'aggrave le cas de séduction d'une jeune fille par l'homme qui a causé la mort de son père.

A *Citeaux-Ciné*, les places coûtent 1 fr. 25, 1 fr. 75

et 2 fr. Au *Ciné de la rue de Charonne*, elles coûtent
1 fr. 3o, 1 fr. 6o, 1 fr. 9o. Un dimanche soir, la salle,
assez vaste, est tout emplie par un public de quartier :
familles d'ouvriers, groupes d'enfants, couples équivoques, beaucoup de jeunes gens. Ce ne sont que casquettes de drap et vêtements fatigués, où se mêlent
quelques pantalons de velours ; les uns portent des
faux-cols mous, la plupart n'ont pas de faux-col ;
souvent, un cache-col croisé sur la chemise remplace
faux-col et cravate ; çà et là, des filles de quartier,
les cheveux coupés au ras de la nuque, de grosses
matrones, des groupes de nez crochus sortis des
ghettos voisins. La salle est vivante, bruyante,
remuante, effervescente, joyeuse, emplie d'une incessante rumeur qui ne s'arrête que lorsque le film commence. C'est d'abord un film italien. Les jeux de physionomie, auxquels les Italiens excellent, atteignent
à la perfection. Mais c'est un film d'amours païennes,
glorifiant la passion libre jusque dans la mort et faisant l'apologie du suicide voulu pour fuir la souffrance. Et l'héroïne est une mère oublieuse de ses
deux enfants ! Au dénouement, une femme, derrière
moi s'écrie : « Mais elle aurait dû retourner auprès
de ses enfants ! » au lieu de suivre un amant et
de chercher dans la mort un terme à la douleur physique. Quelles leçons de morale sont donc distribuées
par l'écran à tout ce public populaire, aux jeunes
gens, aux enfants ! Dans un intermède de chants,
Pierrot gémit sur l'infortune des pauvres travailleurs,
le malheur des guerres, « la vie d'enfer des ouvriers
dans les usines ». Ainsi se mêlent les mots, les senti-

ments et les idées, suscitant un état d'esprit général que résume la tendance à sympathiser avec tous les bolchevismes.

Après le théâtre et le cinéma, le bal. Le plaisir de la danse est une spécialité du quartier de Lappe. Plusieurs soirs par semaine et même, pour certains établissements, chaque soir et chaque après-midi, les bals sont ouverts aux amateurs. Surtout le samedi et le dimanche, ils attirent une très nombreuse affluence qui mêle à la population honnête et laborieuse de ce quartier tous les louches éléments du monde des grossiers plaisirs. Les filles fardées arrivent des alentours ; jusque vers neuf heures elles sont encore presque seules à tourner sur les parquets des bals. Mais bientôt une auto amène des jeunes gens à grandes casquettes, des ouvriers affluent par groupes, quelques Algériens, des nègres, des soldats. Le vrai bal commence au milieu d'une foule toujours plus dense. « Ces messieurs » surveillent leurs « dames ». Sur l'étroite chaussée de la rue de Lappe, devant les portes ouvertes des débits où l'on danse, des attroupements se forment. Les curieux s'amusent au spectacle des danses, comparent avant de faire leur choix et d'entrer. L'animation de la petite rue noire, traversée de zones de lumière crue, lui donne un aspect de fête, de foire permanente. Trois de ces bals sont modernisés : peintures fraîches, plafonds surchargés de lampes électriques, étincelants de lumière, surtout le Bousca-Bal, le plus vaste, meublé de confortables banquettes de cuir. Les autres ont gardé leur physionomie fruste d'autrefois. Plusieurs arborent

l'enseigne : « Bal de famille » et semblent fréquentés
par une clientèle moins mêlée. De partout, s'échappent les accents nasillards des accordéons qu'accompagnent des guitares ou, plus simplement, le bracelet
de grelots fixé à la cheville du joueur d'accordéon.
Jeunes gens en casquette et parfois en chapeau, filles
aux cheveux coupés au ras de la nuque tournent sans
répit. La gracieuse et honnête bourrée, que des Auvergnats dansent à ravir, est un épisode trop rare.
Contre le bal, s'entr'ouvre le meublé complaisant,
s'allonge l'étroit trottoir, le ruisseau : et c'est toute la
morale du lieu. Avec ses cordons de lampes alter-
nativement blanches et rouges, les rosaces lumineuses
de son plafond, sa vaste salle, Bousca-Bal attire la
foule la plus nombreuse et la plus huppée, les danseurs dont la mise est moins négligée, les mieux
vêtues des filles. Mais, là aussi, se pressent les cava-
liers sans gilet ni faux-col, veston ouvert sur chemise fripée, un foulard autour du cou, la casquette
en arrière. Danses en étreinte, attitudes contorsion-
nées, airs perdus, regards noyés, visages graves — le
plaisir est triste — ou expressions joyeuses et canail-
les — la joie est folle ; femmes aux joues poudrées,
aux lèvres peintes, les unes en chapeau, une fourrure
sur les épaules nues, les autres en cheveux, demi-
dénudées sous la robe légère : toute cette foule ivre
du dérèglement des sens et de l'imagination s'étourdit
encore davantage aux sons des musiciens haut perchés
sur leurs estrades, tout contre le plafond bas, ou sur
un balcon qui se détache de l'étage surélevé. L'étour-
dissement de la danse, des boissons, des lumières,

des sons cadencés, commande de glisser dans l'oubli
de tout ce qui n'est pas l'ivresse de l'instant qui
passe.

Le passage Thiéré reste plus calme, plus sombre,
plus désert. Dans les petits bals de bistros, ce sont
gens du voisinage — en costumes sans recherche,
en vêtements de semaine — qui se livrent au plaisir
de danser. Seul, le bal *Au petit balcon* s'est moder-
nisé à l'exemple de *Bousca :* parfois, au milieu d'une
danse, les cordons de lumière blanche s'éteignent
brusquement et les cordons de lumière rouge s'allu-
ment ; les danseurs s'agitent dans une atmosphère
enflammée ; leurs visages se perdent dans les clartés
vaporeuses d'un incendie.

Idées fausses et propagande révolutionnaire, images
menteuses et sensibilité affolée, journaux, discours,
manifestations dans la rue, bals et spectacles, toutes
les forces d'erreur et de mal sont déchaînées et
liguées contre ce peuple du Faubourg, si riche de
qualités naturelles, si fortement obstiné à retenir au
moins un peu de l'abondant trésor de ses traditions
que ce n'est pas trop de l'alliance de tous ces ennemis
pour les lui arracher par morceaux. Encore ne par-
viennent-ils pas toujours à le dépouiller de toute sa
sagesse. La gardienne de ses dernières vertus se cache,
humble, au fond du plus modeste repli du Faubourg,
toujours vaillante, mais tellement affaiblie par ces hai-
neuses conjurations qu'elle ne réussit plus à protéger
pleinement qu'un dernier reste de fidèles. Des deux
paroisses, Saint-Antoine et Sainte-Marguerite, cette
dernière, la plus ancienne, la paroisse traditionnelle,

enveloppe la plus grande partie du Faubourg ; vaste est le territoire, mais bien réduit le peuple chrétien. « Les habitants de ce quartier, me dit-on, ne croient ni à Dieu ni à diable, ni à la morale ni à la religion, ni à la famille ni à la patrie. Les trois quarts des ouvriers ne font pas baptiser leurs enfants. » En quarante ans, l'école laïque, la presse, la politique ont achevé de dévaster les âmes. Ce peuple est redevenu païen. Le Faubourg est pays de mission. N'en est-il pas de même de presque tout Paris et d'une grande partie de la France ? C'est par un grave aveuglement qu'on s'est depuis trop longtemps refusé de le reconnaître, s'empêchant par là d'agir et de réagir efficacement en temps opportun.

La paroisse Sainte-Marguerite compte plus de cent mille âmes. La vieille église paroissiale est située au cœur du Faubourg, presqu'à la hauteur de l'hôpital Saint-Antoine. Trois chapelles de secours sont ouvertes : à l'entrée du Faubourg, rue de la Roquette, dans un patronage ; tout en haut du Faubourg, rue de Montreuil, dans un autre patronage ; et rue de Charonne, l'église flamande. Un cercle catholique d'ouvriers et d'employés est installé rue Jean-Macé ; il compte une centaine d'associés.

A l'église flamande, deux messes sont célébrées le dimanche ; à celle de dix heures, je compte environ cent cinquante personnes, dont une trentaine de jeunes gens. L'église pourrait en contenir plus du double. On peut estimer à trois cents le nombre des fidèles qui y assistent aux messes dominicales. Rue de la Roquette, fréquentent environ deux cent soixante-dix enfants et jeunes gens ; à la messe de onze heures, je compte quatre-vingts personnes dont quinze hommes ; il y a quatre messes ; en supposant à chacune d'elles le même nombre d'adultes et en y ajoutant les enfants et adolescents du patronage, nous obtenons un total de cinq cent quatre-vingt-dix personnes. Rue de Montreuil, à la messe de huit heures et demie, je compte cinquante-quatre femmes et vingt-trois hommes ; il y a deux messes ; ce qui ferait environ cent soixante adultes ; en y ajoutant les deux cent cinquante enfants et adolescents du patronage, nous arrivons, en tout, à quatre cent dix personnes. A Sainte-Marguerite, sont célébrées, le dimanche, en été, six messes basses dont une messe d'hommes, une septième pour les enfants et les jeunes filles, et une grand'messe. Je suppose cent cinquante assistants à chacune des messes de six et sept heures ; j'en compte autant à huit heures (cent vingt femmes et une trentaine d'hommes et jeunes gens) ; près de quatre cents, dont une centaine d'hommes et de jeunes gens, à la messe des hommes, à neuf heures ; environ trois cent cinquante, dont une cinquantaine d'hommes, à la grand'messe ; environ trois cents personnes à chacune des messes de onze heures et de midi ; environ deux cents enfants et jeunes filles, à celle qui est célébrée spécialement pour eux. D'octobre à juillet, tous ces chiffres doivent être augmentés, la période des vacances amenant une assez forte émigration d'ouvriers, adultes et enfants, à la campagne (1). Il convient de souligner la forte proportion d'hommes présents aux messes dominicales de la paroisse et des chapelles de secours ; presque tous sont des ouvriers, comme il est visible à leur physionomie et à leur costume. On obtiendra donc, pour Sainte-Marguerite, un total de deux mille personnes. En y ajoutant les fidèles des chapelles de secours, le chiffre global des catholiques pratiquants de tout âge, dans cette paroisse de plus de cent mille âmes, s'élèverait à moins de trois mille cinq cents. Les enfants des patronages ayant été comptés, ce chiffre ne pourrait être augmenté, pour la période octobre-juillet, que des enfants des catéchismes, fidèles à l'office dominical, et des adultes qui, l'été, passent le dimanche en banlieue ou, pendant une à trois semaines, se reposent en province. On arriverait, en les comptant, à un maximum de cinq mille ou cinq mille cinq cents personnes (2).

(1) Il en va de même pour les statistiques données dans « *La Popingu'* ».

(2) Ces chiffres ont été contestés.

On m'a objecté la foule des étrangers non-catholiques habitant la paroisse.

Je réponds qu'à l'exception de rares protestants, de quelques schismatiques et des Juifs, ces étrangers sont des catholiques espagnols, polonais, belges et surtout italiens.

En second lieu, alors qu'il s'agit de savoir *combien de fidèles assistent aux messes dominicales*, on m'a opposé le nombre des enfants *inscrits* aux catéchismes, le nombre des personnes qui, pendant cinq ans, ont *rendu visite* à leur curé, et le nombre des *quêteurs* pendant la messe.

J'emploie une autre méthode, la seule que je crois sûre : pour savoir combien de personnes assistent à la messe, *je les compte*. Si je n'ai pu les compter, je dis en avoir fait l'évaluation, hypothétique, mais hautement probable.

CONCLUSION

**Le quartier et le métier. — Valeur professionnelle.
Etat matériel, intellectuel et moral des ouvriers
du Faubourg. — L'opinion publique. — Les infil·
trations révolutionnaires. — Les causes. — Les
remèdes.**

Le Faubourg offre l'exemple presque unique d'un
quartier tout entier consacré depuis trois siècles à un
même métier et aux métiers annexes. Plus que le
Marais à l'art du bronze et surtout depuis un temps
beaucoup plus long, le Faubourg est uni à l'art du
meuble : ils sont presque nés ensemble ; ils ont
grandi d'un même mouvement. Ce quartier de Paris
est comme le corps dont l'ébénisterie est l'âme ; ils
forment un même être dont une nouvelle et rapide
poussée de croissance, au début du xx⁰ siècle, a pro-
longé sur tout Charonne l'élégante et ingénieuse activité. De la Bastille aux fortifications et même au delà,
dans Montreuil, le meuble fait vivre toute la population.

Le Faubourg présente, matériellement, une homogénéité étonnante, qui le différencie nettement des
quartiers circonvoisins et qui s'accompagne d'une

semblable homogénéité psychologique, morale, professionnelle, l'une et l'autre poussées à un degré rarement atteint ailleurs. L'esprit du Faubourg est particulariste à ce point que les ouvriers de l'ameublement se rendent rarement à la C.G.T. ou rue Grange-aux-Belles pour traiter leurs affaires professionnelles : chaque organisation syndicale a installé son siège social dans le quartier même.

Toutes les observations recueillies au cours de cette étude, comme celles des enquêtes précédentes, mais avec plus de force encore, mettent en relief l'influence du milieu physique et moral sur le type humain et ouvrier. Ce milieu varie avec le pays, la province, la ville et, dans une grande capitale comme Paris, avec le quartier. L'ambiance matérielle s'accompagne de tout un ensemble de facteurs d'ordre psychologique : lectures, spectacles, logement, profession. La profession est un des plus importants agents de spécification du type d'un groupe social donné : l'ouvrier du bois diffère notablement de l'ouvrier du fer ; sa personnalité, enrichie par les initiatives professionnelles, est plus accusée, et, par suite, son individualisme plus accentué. On peut relever des nuances, qui sont l'effet de l'industrialisation du métier, entre l'ouvrier des fabriques de meubles en série, de Charonne, et l'ouvrier des petits ateliers de meubles ordinaires ou de meubles d'art du Faubourg Saint-Antoine.

Ces ouvriers parisiens de l'ameublement font preuve d'une haute valeur professionnelle. Beaucoup parviennent à un degré d'habileté qui témoigne de leur intelligence du métier, de leur sens esthétique, de leur affinement. Tous y déploient des qualités d'initiative, d'invention, d'ingéniosité et de probité, qui expliquent et justifient leur réputation universelle. La fréquentation de la bibliothèque Forney par un grand nombre d'entre eux, la collaboration active qu'ils lui demandent et qu'ils y trouvent, comme le succès des écoles professionnelles, prouvent que, toutes les fois que les moyens sont fournis à nos ouvriers de s'instruire, ils les recherchent avec avidité : mais, pour atteindre tous les ouvriers, il faut que cet outillage intellectuel soit adapté à leurs préoccupations les plus familières et les plus constantes, qui sont celles de la profession ; c'est seulement à la condition de prendre la profession pour point de départ qu'on peut espérer conduire par un cheminement sûr à une culture progressivement élargie ces admirables travailleurs dont le courage, au terme d'une journée fatigante d'activité manuelle, ne faiblit pas devant le livre ouvert sous la lampe.

Depuis la guerre, toutes les enquêtes ont montré que l'alcoolisme avait à peu près complètement disparu. Ce remarquable progrès a été réalisé jusque dans les corps de métier les plus atteints autrefois de ce mal, et les « pots de colle » étaient de ceux-là. Nous avons vu (1) que, dans les fonderies, l'amélioration considérable des conditions du travail et les nouvelles habitudes professionnelles ne laissaient plus subsister qu'à l'état d'exception et d'accident l'in-

(1) *De la Popinqu' à Ménilmuch'*, p. 108.

tempérance. Les « ébénos » nous donnent le même
satisfaisant spectacle : quelques-uns consomment à
l'atelier, en travaillant, une ou deux chopines par
jour ; mais ils ne s'attardent pas dans les cabarets ;
le lundi n'est plus fêté ; les cas d'ivresse publique
sont d'une extrême rareté ; au cours de l'été et de
l'automne, je n'ai eu l'occasion d'en surprendre que
trois ou quatre. La tenue de l'ouvrier, dans l'ébénisterie comme dans la fonderie, est devenue bonne et
sa valeur morale s'en ressent. Les mêmes causes ont
partout agi dans le sens de ce progrès : cherté du vin
et des alcools, goût des sports chez les jeunes (1),
journée de travail réduite qui a rendu possible le
retour à la vie de famille et la reconstitution du foyer,
hauts salaires permettant aux ouvriers qualifiés des

(1) « Certaines fédérations (de sports)... ont constaté que
l'application de la journée de huit heures et la généralisa-
tion de la semaine anglaise ont été des plus favorables pour
leur recrutement. » (*Bulletin du ministère du Travail,*
avril-juin 1924, p. 141.) L'Union des fédérations françaises de sports athlétiques « groupait, en 1913, 167.300 socié-
taires et 594.300 en 1922, soit une augmentation de 255 % »
(*Idem,* p. 142). L'Union des Sociétés de gymnastique de
France a vu le nombre de ses membres passer, dans la
même période, « de 138.250 à 225.000, soit une augmentation d'environ 62,8 % » (*Idem,* p. 143). La Fédération
sportive catholique de France a vu le nombre de ses membres passer, dans la même période, « de 100.000 à 220.000,
soit une augmentation de 120 % » (*Idem,* p. 144). Mais la
journée de huit heures reste sous la dépendance des conditions économiques : par exemple, il ne faut pas que la
concurrence étrangère la rende impossible. Au Congrès des
industries françaises de l'ameublement, tenu à Strasbourg
en mai 1922, les rapporteurs ont constaté que les ouvriers
allemands du meuble travaillaient soixante heures par
semaine, soit dix heures par jour.

économies qu'ils ont très souvent employées à acquérir un logis, activité économique qui, supprimant le
chômage, a facilité à la fois les dépenses utiles et
l'épargne. Il y a seulement lieu de regretter que l'interdiction de l'absinthe ne frappe pas les liqueurs à
l'anis : leur usage se répand avec une grande rapidité
et, du même coup, l'intoxication alcoolique sous sa
forme la plus grave.

Les ouvriers ne se plaignent pas des salaires, qui
ont généralement quintuplé alors que le prix de la vie
a quadruplé. Il est à souhaiter qu'à tout le moins
cette proportion-là demeure constante, puisque seuls
les hauts salaires peuvent faire de l'ouvrier un
consommateur qui assure à notre production un large
marché intérieur, un épargnant dont les capitaux
alimentent notre industrie, un possédant intéressé au
maintien de l'ordre social. Mais la cherté croissante
du coût de l'existence trouble sans cesse le rapport des
recettes aux dépenses. Nous avons vu qu'un repas coû-
tait près de cinq francs, qu'une misérable chambre
revenait à près de vingt-cinq francs par semaine.
Tous ces mouvements des prix dépendent de l'état de
notre monnaie, conséquence de la situation des finan-
ces publiques, elle-même effet de la politique générale, qui est fonction des institutions. Par exemple, les
lois sur les loyers et les excès du fisc empêchent les
capitalistes de construire et les propriétaires de répa-
rer ou d'améliorer leurs immeubles. Les locataires
sont victimes de lois tenues pour protectrices et, les
électeurs, des impôts qu'ils sont supposés consentir
et du budget qu'ils sont censés contrôler souveraine-

ment. Par ailleurs, la bonne gestion des deniers de l'ouvrier comme de ses loisirs nécessite une ferme direction morale qui met en jeu toutes les forces dont la religion dispose. Mais nous avons constaté à quelle petite minorité étaient réduits les catholiques pratiquants ; l'école laïque détourne les enfants de l'église, détruit en eux toute aspiration à la vie chrétienne ; l'ambiance générale fait le reste ; les influences politiques et sociales, le poids de la vie matérielle, les plaisirs de la grand'ville, le théâtre, les journaux, l'atelier, la rue saisissent l'adulte qui en demeure prisonnier. « Quand on sera mort, on sera tranquille, on ne pensera plus à rien ». Et l'on vit conformément à cette croyance.

Mis en face des réalités de la vie et des exigences de sa condition, l'ouvrier de l'ameublement s'exprime avec sagesse et courage. Il ne place pas son idéal dans l'oisiveté : il tourne vers le travail tout son désir. Bien se porter pour travailler, voilà ce qu'il demande. Ou encore : une petite maison, un atelier et du travail toute la vie. Pour le cas où le travail manquerait, pour le temps où les forces défaillantes trahiront une volonté courageuse, il aspire à la sécurité, il souhaite d'être garanti contre les incertitudes du lendemain, contre l'impotence de la vieillesse. Il montre souvent, dans la mesure de ses ressources, une propreté, un souci de la tenue qui lui font autant d'honneur que son goût pour le travail et son sens des belles choses. Dans l'exécution de sa tâche professionnelle, il déploie toutes les qualités que lui valent une longue expérience et une grande sévérité pour soi-même.

Mais l'absence de culture générale et d'idées justes,
le manque de discipline de la pensée se font durement
sentir lorsqu'il franchit les limites étroites de son
horizon habituel. Gautier se pâmé d'admiration
devant le génie inventif des Allemands et leur toute-
puissance numérique ; il croit volontiers les Français
incapables de faire de semblables découvertes ou de
lutter contre ce peuple innombrable. Gautier subit
l'influence d'une presse germanophile acharnée à
nier notre supériorité véritable qui porterait tous ses
fruits si elle était cultivée, exaltée, utilisée et récom-
pensée par le gardien et administrateur des énergies
et richesses de la nation, l'Etat : mais l'organisation
de l'Etat n'est pas seulement en soi défectueuse ; elle
est, de plus, mue par des doctrines fausses et des
idées mortelles. Une politique de la natalité pourrait
remédier à notre insuffisance numérique, et aussi une
sage politique extérieure qui affaiblirait nos ennemis
en les divisant. L'ébéniste qui se plaint amèrement
qu' « il y en ait tant qui, nés avec une fortune, ne
font rien toute leur vie », qui envie la possession
d' « un peu de ce que les autres ont de trop » et se
réjouit de penser qu' « en Russie on a obligé à travailler ceux qui n'avaient jamais fait œuvre de leurs
dix doigts », regrette néanmoins qu'il n'y ait pas
davantage de gens assez riches pour « mettre dix
mille francs dans une chambre à coucher », au lieu
d'acheter « de la camelote à deux mille ». Il ne se
rend pas compte de ses contradictions, pas plus que
de la gravité d'une ignorance des phénomènes économiques qui lui fait dire : « Qu'est-ce que ça peut faire,

le change, pourvu qu'on gagne de quoi vivre », alors
que, précisément, les perturbations produites par un
change défavorable ou par les fluctuations du change
menacent de l'empêcher de gagner sa vie ! Ces
erreurs de jugement et ces fautes de raisonnement
proviennent de la méconnaissance des réalités, qu'en-
tretiennent les journaux populaires, radicaux et
socialistes, et des appréciations fausses qu'ils répandent. L'ouvrier de Charonne qui, à la vue des « bons
de fabrication » s'écrie : « C'est-il assez militaire, cette
paperasserie ! » cède à l'habituel préjugé contre les
bureaux des usines et obéit à l'ordinaire ignorance
des conditions de vie d'une entreprise : si ce préjugé
et cette ignorance gouvernaient une fabrique, ils la
conduiraient tout de suite à la ruine. Le même ouvrier
oppose aux « bons blancs », comme il appelle les
chefs d'une affaire industrielle, ceux qui leur obéis-
sent, les « bons rouges » : tout au fond de cette affir-
mation de la foi révolutionnaire, on surprend l'expression de la conscience des intérêts du groupe salarié et de la solidarité ouvrière dans la vie de l'entreprise, donc la conscience de la réalité professionnelle ; mais cette conscience est troublée et altérée par
l'invasion dans le domaine professionnel des préoccupations sociales (par l'effet de l'inorganisation
sociale présente) et des préoccupations politiques (par
l'effet d'institutions qui reposent sur cette confusion
perturbatrice) ; aussi cet ouvrier ne prend-il conscience que d'une partie de la réalité professionnelle,
la solidarité des intérêts ouvriers, mais non pas de la

totalité de la réalité professionnelle, la solidarité des intérêts ouvriers et patronaux dans la profession même dont ils dépendent tous indistinctement. Cette erreur découle du préjugé socialiste dont une propagande séculaire a imprégné les salariés. L'ouvrier de la menuiserie d'art, que je soupçonne d'appartenir au parti communiste et qui montre, à propos du régime de la propriété en Angleterre et de l'interdiction supposée d'y introduire des chiens, une ignorance têtue, traite de « fou » le client qui a commandé des lambris magnifiques, croit qu'en France on « sabote la journée de huit heures », se défend d'être nationaliste, mais assure aussitôt « qu'il n'y a pas de pays qui vaille le nôtre » et que les peuples « diffèrent par le tempérament, par les manières de penser et d'agir » : l'ignorance ou l'esprit révolutionnaire lui fait dire des sottises ; son jugement personnel, quand il s'affranchit de cette influence perturbatrice, s'incline devant les réalités constatées. Tous les ouvriers de cet atelier et des ateliers voisins sont satisfaits de leurs patrons et de leurs salaires : un très grand nombre de *graffitti* rendent cependant témoignage de convictions révolutionnaires en désaccord avec ce contentement. Ils apportent tous à l'exécution de leur tâche un soin scrupuleux, mais l'un d'eux professe qu'on peut s'en affranchir à l'égard du patron : entre camarades, on doit se soutenir ; à l'égard du patron, tout est permis. Jugement faussé, conscience morale altérée, voilà à quel état l'esprit révolutionnaire a réduit ces excellents travailleurs.

Les journaux dits de grande information, la presse

populaire de gauche, à grand tirage, les feuilles
d'extrême gauche encourent à cet égard les plus lourdes responsabilités. De ces quotidiens, les plus modérés empêchent les lecteurs de se faire une représen-
tation exacte de la réalité, soit qu'ils leur dissimulent
les faits importants, soit qu'ils en altèrent l'importance relative, mettant au premier plan des détails
insignifiants ou de véritables niaiseries, reléguant les
traits essentiels dans des notules condamnées à passer
inaperçues, soit enfin qu'ils défigurent les événements
par des commentaires tendancieux ou délibérément
erronés. Quant à la presse radicale, socialiste, révolutionnaire, elle mobilise les classes laborieuses
contre leurs propres intérêts moraux et matériels, les
imprègne d'idées fausses, exalte les instincts mauvais, transforme les ouvriers en agents actifs de
désordres et destructions dont ils seront les premiers
à souffrir. L'opinion publique est fabriquée à coups
de faits-divers, interprétés à faux, commentés à
satiété, déformés à plaisir, alors qu'un silence rigou-
reux est observé sur d'autres faits qui détruiraient
l'impression produite par les premiers. La presse
européenne à grand tirage obéit au même mot d'ordre, applique les mêmes méthodes, se conforme au
même programme, comme au temps de Dreyfus et
de Ferrer ; alors qu'elle se tait sur les innombrables
assassinats de fascistes commis par les communistes
italiens ou glisse rapidement sur ces nouvelles signa-
lées en caractères minuscules et reléguées en·avant-
dernière page, elle mène grand tapage, avec un
ensemble remarquable, autour du meurtre du socia-

liste Matteotti, au point de donner à de bons Parisiens, par ses récits terrifiants, l'impression qu'il n'y a plus de sécurité pour les Français en résidence dans la péninsule. Très peu de détails ont été fournis sur la tentative de bolchevisation de l'Italie : de sèches dépêches ont mentionné la prise de possession des usines par les socialistes qui jetèrent quelques ingénieurs dans les fours embrasés ; mais on s'est bien gardé de fournir des détails instructifs sur ces horreurs et d'en dégager les leçons qu'elles comportent ; le silence et l'oubli ont été savamment organisés autour de ces événements qui se déroulaient à notre porte. Par contre, une bruyante orchestration a couvert d'injures l'Italie affranchie de ce joug honteux et Mussolini son libérateur. La même conspiration s'est faite autour de l'état effroyable où agonise la Russie bolchevisée : la nuit s'est épaissie, par les soins de cette presse, sur la suite des événements qui ont jeté un Empire immense, puissant, prospère, en progrès incessants et rapides, dans une misère sans bornes et une barbarie sans nom. Au cours de l'été de 1924, les feuilles de gauche et d'extrême-gauche ont entrepris une campagne contre « les horreurs de la guerre » en même temps qu'elles continuaient de soutenir une politique qui nous conduit rapidement à la fois à la guerre civile et à la guerre étrangère. Mais la formule lancée par cette presse s'incrustait si bien dans la pensée et la sensibilité de ses lecteurs populaires que, dans l'espace de quinze jours, je l'ai entendue deux fois récitée par des ouvriers. Deux ouvriers, de vingt et trente ans, déjeunaient dans un petit restau-

rant du Faubourg Saint-Antoine et l'un d'eux
s'écriait : « Cette chose horrible qu'est la guerre... »
A la devanture d'une boutique s'étalait une gravure
ancienne qui représentait une bataille livrée par les
légions romaines ; un ouvrier la regarde un instant
et, se tournant vers moi : « Nos bourreurs de crâne,
dit-il, ne veulent pas nous les dire, les horreurs de
la guerre... » Tels sont l'automatisme psychique et
intellectuel de la population, la passivité de l'opinion
publique, les moyens de la mobiliser. Au cours de
l'été de 1924, un député de l'ancienne majorité poin-
cariste disait : « Je dirige un journal régional ; il
compte quinze mille abonnés et il est assuré de six
cent cinquante mille francs de publicité mensuelle.
Il ne couvre pas ses frais. La presse fait l'opinion, qui
fait le gouvernement ; mais la presse dépend toujours
de l'argent et souvent de l'argent étranger qui
l'achète ». Nous vivons sous le régime de la plouto-
cratie. Voilà près de vingt ans que Maurras le démon-
tre presque chaque jour.

L'efficacité des campagnes de la presse de gauche
est facilitée par les tendances socialiste et révolutionnaires, déjà anciennes, de la population ouvrière, et
par l'invasion étrangère. Le Faubourg nous montre
le cas d'une petite patrie, celle des ébénistes français, que les étrangers envahissent ; de ceux-ci, les
uns se fondent dans la population autochtone ; les
autres cherchent momentanément du travail et apportent à la main-d'œuvre nationale, actuellement insuffisante, une aide passagère et nécessaire ; mais beaucoup ajoutent au malaise social en accroissant le

nombre des mécontents ; ignorants de nos traditions, de notre esprit, de nos intérêts, détachés de leur pays sans être attachés au nôtre, semblables à ces gens venus de partout et surtout d'Allemagne qui, à la veille de la Révolution française, avaient envahi le Faubourg, ils collaborent activement au triomphe des idées révolutionnaires dont ils attendent leur fortune. Les Juifs enfin s'insinuent silencieusement, d'un mouvement obstiné, méthodique, continu, acquièrent à tout prix boutiques et ateliers, refoulant une partie des Français, aspirant à se subordonner les autres, poursuivant sans relâche leur rêve de conquête et de domination.

Le Faubourg nous offre ainsi, en raccourci, le spectacle des problèmes qui agitent la France entière : la nécessité du nationalisme et la nécessité de la coopération étrangère, le devoir d'hospitalité et le devoir de sécurité, les exigences de l'entr'aide et celles de la défense, le péril mortel des idées fausses.

Ces idées fausses fermentent depuis près d'un siècle et demi dans le Faubourg, fortifiées par la tradition révolutionnaire qu'elles y ont créée. Il peut arriver qu'un ouvrier du meuble s'écrie : « Le socialiste, c'est celui qui, ayant pris deux pommes, en mange une et garde l'autre », qu'un autre griffonne ironiquement sur un mur : « Demandez à Hennessy, de *L'Œuvre*, de partager un de ses nombreux millions puisqu'il est socialiste » ; et même : « Mort au communisme ». Mais ils constituent des exceptions La grande majorité d'excellentes gens, intellectuellement et moralement bien doués, qui composent la foule ouvrière du quartier de l'ameublement, demeure soumise à l'influence des doctrines subversives : une minorité d'exaltés, de dévoyés, d'aveugles, l'encadre et la conduit. De là, cette réflexion d'un manœuvre de Charonne : « Nous sommes les bons rouges » ; cette autre d'un spécialisé sur machine à scier : « La C. G. T., c'est gouvernemental, c'est officiel » ; le conseil de ce menuisier d'art : « Entre camarades, on doit se couvrir par solidarité, mais on peut se débrouiller sur le dos du patron » ; la conversation des plaqueurs, s'exaltant à la pensée des « crimes fascistes » ; et ces nombreuses inscriptions révolutionnaires — « Vive les soviets ! », « Il en faudrait pas mal comme Cachin à la Chambre ! », « Travailleur, le pain augmente... et tu ne fais pas lâcher du lest à ton patron ! », « Camarades, les patrons vont à Nice, Monte-Carle, et vous, vous supportez des privations multiples ; il y a quelque chose qui devrait bien changer » — qui couvrent les murs d'un atelier qualifié cependant, par les ouvriers, de « bonne boîte ». Le Faubourg est toujours prêt à entrer en effervescence sous le coup de fouet d'une propagande bien menée. Les braves gens y sont nombreux, mais sans force de résistance, ni individuelle, ni collective, ignorants, isolés, démunis de chefs. Une poignée d'hommes énergiques, solidement organisés et décidés à tout détruire, peuvent en devenir les maîtres, avec la complicité d'un gouvernement défaillant et des erreurs qui composent l'atmosphère morale que tous les ouvriers respirent. D'honnêtes travailleurs peuvent toujours être séduits et trompés par l'éternelle illusion d'un enrichissement rapide et d'une parfaite félicité terrestre : la violence a raison des hésitations des sceptiques, des prudents et des sages. « Le crime de la bourgeoisie a été... de voler la propriété, et c'est parce qu'il est sans propriété que l'ouvrier croupit dans l'ignorance, la saleté et la misère. Le socialisme, en lui rendant, sous la forme collective, les instruments de production, fera de lui un homme, alors qu'il n'est qu'un paria » (1). Ainsi parle le Tentateur. L'ouvrier ne sait pas, mais nous savons que, si le régime économique du XIX⁰ siècle, c'est-à-dire le régime libéral fondé par la Révolution française, le régime jacobin jailli de la pensée de J.-J. Rousseau, n'a pas empêché les découvertes scientifiques et leurs applications industrielles de provoquer un accroissement inouï de la richesse et de faire profiter la multitude salariée de toutes les améliorations matérielles qui en sont sorties ; si l'étonnante diffusion des richesses et du bien-être, qui est résultée de leur développement, a accru dans des proportions incalculables le nombre de ces petits bourgeois qui relient par des degrés imperceptibles le prolétariat à la riche bourgeoisie industrielle et rurale ; par contre, la criminelle erreur de ce régime jacobin a consisté dans l'éparpillement chaotique des individus livrés sans frein à la poussée de leurs appétits et sans protection au despotisme des assemblées, à la tyrannie politique d'une collectivité anonyme et irresponsable, mue par une oligarchie secrète, à

(1) *Le Bloc des Rouges*, 19-26 juillet 1924, journal hebdomadaire dont le Comité de rédaction compte parmi ses membres Jules Brizon et Jean Longuet.

l'anarchie économique où tous les hommes sont jetés, mêlée d'où le plus fort, ou le plus rusé, ou le plus malhonnête, ayant écrasé, refoulé ou dépouillé ses concurrents, sort vainqueur. Si nous considérons le seul mal économique, nous constatons, non pas que la propriété a été volée à l'ouvrier, mais que la structure de la société jacobine a empêché l'ouvrier d'y avoir le large et prompt accès que la vie corporative lui eût assuré : le patrimoine collectif du Métier lui eût fourni les ressources indispensables pour suppléer à l'insuffisance de son épargne individuelle et le garantir contre tous les risques d'une existence au jour le jour. Le régime corporatif eût été pour l'ouvrier celui de la propriété universalisée, de la richesse pour tous, progressivement accrue.

Non seulement le socialisme n'apporterait pas à l'ouvrier ces avantages nécessaires auxquels il aspire, mais il l'en priverait à jamais en refusant à tous les citoyens le droit d'approprier. Le socialisme ne supprime pas seulement la propriété des patrons, des riches bourgeois, les grandes et les moyennes fortunes, mais aussi les petits patrimoines, toute fortune, même infime, individuelle ou collective, et en interdit la reconstitution. Le socialisme est le régime de l'expropriation universelle, de la servitude générale dans le prolétariat obligatoire, du salariat perpétuel dans une misère croissante. Seul, le petit nombre des actionnaires de la Révolution, liquidateurs de la société actuelle et administrateurs de la société nouvelle, édifieraient sur cette misère sans nom leur ignominieuse fortune. Le socialisme, c'est le vol. Le socialisme, c'est l'exploitation du bétail humain, l'appauvrissement général, le dernier terme d'une évolution commencée avec la Révolution française, le retour à une sauvagerie hideuse et sanglante dont la Russie communiste nous donne le spectacle, l'ère de Lénine, le règne de la Bête. En déclarant la guerre à ce qu'ils appellent « la richesse acquise », radicaux, radicaux-socialistes, socialistes, communistes, s'attaquent au fruit du travail, de la prévoyance, des privations, de l'économie. La richesse acquise est la juste récompense de ceux qui l'ont créée, au prix de tant de vertu, non pas seulement pour eux-mêmes, mais aussi et surtout pour leurs descendants, leurs héritiers : l'enrichissement des individus et des familles, c'est l'enrichissement de la nation toute entière ; seule, la richesse acquise permet d'alimenter en capitaux les entreprises existantes et de les développer tout en en créant sans cesse de nouvelles, de fournir à l'Etat des ressources grandissantes, d'accroître ainsi, en même temps que le nombre et l'importance des fortunes privées, la richesse publique, la puissance nationale. L'accumulation des richesses acquises assure à tous et à chacun une force croissante à laquelle nul ne peut assigner de limites. Par la guerre à la richesse acquise, par la destruction des capitaux individuels et collectifs, des ressources qu'avaient accumulées particuliers, associations, Etat, le socialisme dissipe en peu de temps le fruit du labeur des siècles ; il s'installe dans la misère générale ; seuls, quelques gouvernants réussissent à s'assurer l'opulence en liquidant les

richesses de la nation et en contraignant au travail
un troupeau d'esclaves : ainsi, les Bédouins et les
Turcs ; ainsi, les Moscoutaires ; ainsi, l'Asie. Une
Révolution, c'est « une affaire ». Le syndicat des
chefs de la Révolution ne se propose rien de plus que
de monter une entreprise, la liquidation générale de
la France, pour toucher les bénéfices de l'opération.
Les « commissions » des liquidateurs atteignent des
chiffres enviables : Kerensky a tiré soixante millions
de francs-or du seul début de liquidation de la Russie ; Bela-Kun, cinquante millions, pour avoir opéré
en six semaines la liquidation de la Hongrie ; les Juifs
innombrables guettent le moment de procéder à des
opérations de brocante internationale et à des opérations bancaires universelles, en laissant un pourcen-
tage honorable à leurs collaborateurs ; leurs relais
sont prêts et les tribus ont déjà pris position pour faire
la chaîne. Un petit nombre d'hommes frémit d'une
joie avide à la pensée de s'enrichir par la ruine de
tous les autres. Piller un « souk » est le rêve de tout
Bédouin. Il s'agit ici d'une opération de plus large
envergure : le pillage de toute une nation, de plusieurs nations ; il reste encore à piller la moitié de
l'Europe. Les radicaux-socialistes font le lit de la
Révolution, dont leur bolchevisme mou nous donne
un avant-goût : l'impôt sur le capital est déjà un
moyen de liquider sans violence la plus grande partie des fortunes françaises au profit de la finance cosmopolite et de ses rabatteurs officiels. Aucun ouvrier
ne se rend compte que l'impôt sur le capital aura
pour effet, en supprimant une grande partie des con-

sommateurs, de provoquer crise industrielle, chômage, misère des faubourgs. Mais le mécontentement populaire qui en résulterait, les agitateurs révolutionnaires, qui l'escomptent, l'exploiteraient aussitôt pour passer à la seconde étape de la Révolution,
le bolchevisme franc, total et sanglant.

Les premiers symptômes d'une crise économique
générale ont apparu pendant l'été de 1924 et se sont
aggravés à la fin de l'année. Ils vont se généraliser
au cours de 1925, sous l'influence de la concurrence
allemande, de la crise financière, de la hausse des
prix provoquant l'abstention des acheteurs et pro-
voquée par la baisse du franc, conséquence de la dila-
pidation des deniers publics. La mauvaise situation
économique découle d'une mauvaise politique qui
ne dépend pas seulement des hommes, mais des institutions. La crise religieuse et la menace étrangère
ajoutent aux difficultés économiques. Le chômage et
la cherté croissante de la vie peuvent amener des
troubles qu'aggraveront aussitôt la masse des ouvriers
étrangers et les éléments de désordre encouragés par
la faiblesse ou la carence ou la complicité du Pouvoir. Depuis 1920 (1), je n'ai cessé de souligner le
caractère passager de la tranquillité du monde des
travailleurs, l'imminence du réveil du mécontentement et du retour des troubles si des réformes ne don-
naient à cette population instable les cadres perma-
nents que requiert sa vie professionnelle. Les ouvriers
continuent de ne pas jouir d'un statut propre, de ne

(1) Voir *Ouvriers parisiens d'après guerre, Ateliers et
taudis de la banlieue de Paris, De la Popinqu' à Ménilmuch'*.

pas avoir le refuge et l'abri de la Corporation, l'aide
des réserves du patrimoine corporatif. L'accalmie, la
détente, constatée entre 1920 et 1925 dans les milieux
ouvriers, tient exclusivement, disais-je, à des causes
passagères : pas de chômage, des salaires convena-
bles et des loisirs ; que ces circonstances favorables
disparaissent, le vieil esprit révolutionnaire, qui couve
sous la cendre, se réveillera ; sous l'empire d'excitations artificielles, mais méthodiques, qui tendent à
exalter dans l'âme des salariés les plus folles espé-
rances et à les soulever sous la poussée d'imaginations délirantes mais puissamment motrices —
conquête des usines, des capitaux, des richesses accumulées — nous verrons rapidement se répandre les
idées communistes et le parti bolcheviste préparer,
avec un succès croissant, l'assaut qu'il entend donner
à la société.

Les faits justifient ces prévisions. Dès l'été de 1923,
j'ai noté, à Paris, des manifestations publiques du
réveil de la propagande révolutionnaire, son intensité et la certitude de son extension croissante : deux
à trois mille individus, les militants et leurs états-
majors, sont alors mobilisés autour de la tribune de
la rue Grange-aux-Belles. Il a suffi, le 11 mai 1924,
d'élections générales où le suffrage universel inorganique a une fois de plus administré la preuve de son
inconscience, de son ignorance, de son aveuglement,
de sa sottise malfaisante, pour déchaîner sur la France
et tout particulièrement sur la population si laborieuse, si digne, si estimable, des salariés, les fureurs
des forces du mal. La carence complice du gouver-

nement, les dizaines de millions de la finance internationale, de Berlin et de Moscou, ont fait le reste :
en six mois, la menace rouge est venue frapper à nos
portes ; en un an, elle a rendu possible la pire catas-
trophe. La mobilisation des forces révolutionnaires
se fait sur la voie publique : douze cents cégétistes,
place du Trocadéro ; quatre mille moscoutaires, dont
un millier de soldats rouges, avenue de la Défense ;
un cortège de vingt mille communistes, du Palais-
Bourbon au Panthéon. La classe ouvrière et la société
entière sont travaillées souterrainement par mille
influences coordonnées qui tentent de faire des
ouvriers, d'abord les instruments aveugles, puis, avec
les bourgeois de tout rang, de toute condition, et les
gens de la terre, les victimes d'une crise sans précédent où périraient, non seulement les biens, l'honneur, la vie de tous les citoyens, mais notre existence
nationale, la civilisation, la religion. Les Barbares
campent au milieu de nous. Depuis les manifestations du Trocadéro et de Courbevoie en septembre,
de Jaurès en novembre 1924, nous sommes entrés
dans la période pré-révolutionnaire.

La propagande révolutionnaire dans les ateliers
pendant le second semestre de 1924 a été prudente,
sournoise, hypocrite, inaperçue même de la plupart
des ouvriers ; elle s'est réduite au développement du
noyautage préconisé par *L'Humanité* en 1923, à sa
transformation en cellules et rayons, conformément
au plan exposé par ce journal en 1924, de façon à
constituer une solide infrastructure secrète, dont
tous les éléments entreront brusquement en action

au moment opportun. Des tentatives de contrainte morale et physique précéderont le grand effort révolutionnaire : au début de cette année, plusieurs cas de corruption par dons d'argent et de menaces appuyées sur de petites persécutions d'atelier et même sur des voies de fait ont été constatés, préludes à d'autres violences plus graves. Il est de règle que l'escroc se mue en maître-chanteur avant de montrer son vrai visage d'assassin. Dans les trois ateliers de Charonne et du Faubourg où j'ai travaillé avec les ouvriers de l'ameublement, j'ai relevé des traces discrètes, mais certaines, du réveil de l'esprit révolutionnaire, et très probablement rencontré au moins un agent caché du parti communiste, porteur de consignes rigoureuses. La méthode des cellules communistes du début du xxᵉ siècle est celle des conspirateurs nihilistes russes de la fin du xixᵉ, celle des loges maçonniques qui, au xviiiᵉ siècle, préparaient la Révolution : c'est le même cheminement progressif souterrain, la même chaîne secrète dont les anneaux vivants se multiplient dans le silence jusqu'à ce que la société, comme un panneau de bois vermoulu, éclate sous un coup d'épaule : la conspiration dans le silence s'accompagne d'un effort parallèle pour préparer l'opinion publique par une campagne d'idées ouvertement menée jusqu'à ce que l'heure paraisse propice au coup de force. Le mouvement lancé par la propagande cachée et par la propagande publique finit par accélérer sa vitesse : à un certain moment, il fait la traînée de poudre. Alors, les uns agissent, les autres subissent ; la plupart, à des degrés divers, partici-

pent à l'idée chimérique du prochain avènement de
l'âge d'or : plus ou moins, les pires instincts qui
sommeillent au fond du cœur du plus honnête homme
se déchaînent, passions brutales, violences, cruautés,
convoitises, goût du pillage, entraînant des multitu-
des dans une frénésie de vol, de meurtre, de destruction, tandis qu'à l'abri du terrorisme une oligarchie
athéocratique exploite ses troupeaux d'esclaves. A
travers quelques étapes — Révolution française, Révolution russe, Révolution derechef française — les
grands meneurs espèrent parvenir à une Révolution
mondiale qui causerait à tout jamais la destruction
totale de la société chrétienne. L'offensive révolutionnaire qui se poursuit depuis plus d'une année constitue un danger d'autant plus grave que le secret la
caractérise : elle peut ainsi développer ses effets funestes sans que l'opinion publique, alarmée à temps,
pèse sur les chefs responsables, mais aveugles ou
complices, pour les contraindre à prendre les mesures opportunes de défense ou de répression. Les
ouvriers eux-mêmes ne se rendent pas compte de l'organisation occulte qui les pénètre et se ramifie dans
les ateliers, fabriques et usines, les enserrant dans
les mailles toujours plus étroites d'un réseau invisible. La Révolution se propage parmi eux et les imprègne à leur insu pour es transformer, à l'heure fixée
par la conjuration, en instruments de son triomphe
avant d'en faire les victimes de son règne, car elle
n'a point d'autre but que d'opérer un brusque trans-
fert de la propriété et du pouvoir à des maîtres avi-
des et féroces.

L'histoire de notre pays depuis un demi-siècle est celle d'un continuel glissement à gauche, auquel on ne peut assigner d'autre terme que la Révolution elle-même. Cette décomposition sociale progressive provient de ce que notre société est dépourvue d'une armature intérieure construite conformément aux exigence des lois naturelles. Les cadres sociaux brisés par la Révolution française n'ont pas été reconstitués. Notre corps social, privé d'infrastructure osseuse, n'est plus qu'une sorte de masse plastique de muscles et de nerfs, que des forces ennemies, étrangères ou occultes, pétrissent, remanient et transforment au gré de leurs intérêts. Leur envahissement parasitaire a été rendu possible par la faute de notre Constitution. La classe ouvrière ne peut être mobilisée pour concourir à l'œuvre de son propre asservissement que grâce à l'absence de cadres professionnels. Il est conforme à la nature du corps social que le métier soit organisé : dans la réalité observable, le métier est un groupe social nettement défini par la spécificité de ses fonctions, intérêts et besoins collectifs, et dont l'objet propre est de gouverner sa vie et de collaborer avec les autres groupes sociaux, sous l'action coordinatrice d'organes supérieurs, à la vie de la société toute entière. Mais cet organe du métier, la Corporation, n'existe pas plus que les autres organes essentiels du Corps social devenu un affreux mélange d'incompétences variées qui se heurtent dans le désordre d'un pêle-mêle redoutable. La voie serait fermée à la Révolution si les forces sociales, notamment les énergies productrices et tout spécialement ouvrières,

étaient organisées, si les honnêtes gens étaient pro-
tégés contre les coquins et si le gouvernement gou-
vernait. Mais les crises perturbatrices d'après-guerre
passent en rafales sur une société amorphe, inorganique, qui n'est rien qu'un tourbillon passager
d'individus groupés par le hasard.

L'observation scientifique de la réalité sociale nous
montre qu'une société organique est nécessaire parce
que conforme à la nature des choses. Cette nécessité
est si pressante que notre société individualiste tend
spontanément, sous la pression des nécessités, à s'organiser. Le Faubourg nous en administre la solide
leçon : il nous présente, jusque dans sa réalité matérielle, le fait de la vie professionnelle manifestée par
la communauté d'existence, de besoins, d'intérêts et
d'activité, par la nécessité de l'entente sur tous ces
points en vue d'une action commune concertée, par
l'apparition et le développement d'un état d'esprit
particulier, façonné par les mille menues influences
d'un même genre d'existence qui se déroule dans le
même cadre matériel. Le Faubourg réalise, en fait,
non en droit, un petit Etat économique, constitué par
le Corps d'état, le Métier exercé sur une parcelle du
sol qui lui est consacrée exclusivement. Dans la réalité des choses, le Corps de Métier de l'ameublement
et ses Corporations existent au Faubourg et à Charonne, mais, faute de reconnaissance légale, de structure juridique, de charte constitutionnelle, de statut
officiel, ils n'existent pas à l'état organique, mais à
l'état de fragments dispersés, d'éléments épars, qui,
fait remarquable, tentent, en partie du moins, sans

avoir conscience du véritable caractère de leurs efforts, de se rejoindre, de se souder, de se fondre en un tout organisé. Le Corps professionnel de fait nécessite le Corps professionnel de droit avec toutes ses conséquences : au dehors, retentissement sur la structure politique de la société ; au dedans, satisfaction des exigences de vie intellectuelle, morale et religieuse, qu'il implique pour qu'il ait une âme et que véritablement il vive.

Nous avons vu au Faubourg et à Charonne, comme dans les précédentes enquêtes, des maisons prospères dont le personnel se montre satisfait de son sort. Mais le cas d'entreprises bien conduites, réalisant de gros bénéfices et assurant à leurs ouvriers de bons salaires, au cours d'une période économique brillante, n'offre pas même un commencement de solution au problème ouvrier. Que les causes générales de mécontentement — crise économique, réduction des salaires, chômage, événements politiques — viennent à jouer, elles agiront partout, là comme ailleurs, produisant leurs funestes effets en l'absence d'une organisation ouvrière et professionnelle permanente. Lorsque s'ouvre la période de production ralentie, puis de sous-production, puis de chômage, et qu'une crise plus ou moins longue sévit, les patrons font appel à leurs réserves, aux réserves individuelles, et, si elles ne suffisent pas et que la crise est grave et générale, au crédit des banques, aux réserves syndicales, même aux moratoria, pour autant du moins que les patrons de la même industrie ont eu la sagesse de se syndiquer étroitement. Mais l'ouvrier, dans la condition que lui a faite le régime libéral, reste un isolé, dépourvu de réserves personnelles suffisantes, car il lui est impossible, avec son seul effort individuel, de les constituer : les réserves qui pourraient et devraient jouer sont celles des Syndicats ouvriers et de la Corporation (dont les syndicats patronaux font partie). Il en va de même pour les secours en cas de maladie et d'accident, pour la répartition dans les petits postes secondaires, tranquilles, des ouvriers âgés, et surtout pour le versement de retraites aux vieillards. Le métier doit faire vivre son homme, car il l'a pris en charge, lui et sa famille. C'est ce que comprennent pour eux-mêmes les patrons : ils s'arrangent pour que le métier les fasse vivre et leur permette d'établir leurs enfants. Les doctrines libérales ont empêché de concevoir qu'il doit en être de même pour tous les salariés : ingénieurs, employés, ouvriers. C'est la société professionnelle qui contracte envers ses membres, qui la font vivre, cette obligation de les faire vivre; et non pas la Société dans son ensemble, représentée par l'Etat, comme le croient encore nos contemporains attardés aux conceptions de Rousseau parce qu'ils ignorent, comme il l'ignorait, la structure sociale réelle. Les corporations groupées en corps de métier sont indispensables ; 1° pour assurer le recrutement, la formation professionnelle et la culture générale de leurs membres ; 2° pour assurer à ceux-ci le juste salaire et le juste profit en défendant l'ouvrier contre une injuste exploitation possible des employeurs, des fournisseurs, des politiciens, et le patron contre une concurrence déloyale d'un collègue, une injuste pression de ses employés, d'injustes exigences d'origine extra-professionnelle ; 3° d'une façon générale, pour assurer ses associés contre les risques de l'existence ; 4° pour défendre le consommateur contre les tentatives d'exploitation dont il serait l'objet de la part de producteurs et de vendeurs malhonnêtes (1). La garantie du juste salaire de l'ouvrier, en mettant à sa disposition le moyen d'acquérir les objets dont il a besoin, permettrait une sur-consommation sans laquelle il ne peut y avoir d'intensité dans la production : la sous-consommation entraîne le marasme général ; la sur-consommatoin est un bienfait, car la prospérité générale en découle. Les risques de la vie ouvrière étant couverts par les assurances sociales corporatives, simple application du principe des tontines et mutualités, l'ouvrier, ainsi assuré du lendemain, pourrait devenir sans crainte et sans inconvénient un important acheteur, un grand consommateur, et stimuler la production. On objecterait à tort que le prix de la vie s'élèverait en même temps que le taux des salaires, car le prix de revient s'abaisse dans la mesure où s'élève le niveau de la production ; la grande industrie produit à d'autant meilleur marché qu'elle produit davantage ; l'intensité de sa production fait baisser les prix ; les frais généraux et le capital engagé restant les mêmes, quelle que soit la

(1) On consultera avec profit à ce sujet les remarquables articles de G. VALOIS sur la théorie de la valeur, parus dans le *Supplément économique de l'Action Française*, en août et septembre 1924, en particulier celui du 21 septembre.

quantité des marchandises produites, le prix des marchandises s'élève d'autant plus que plus réduite est leur quantité.

L'organisation du métier aurait sur toute la psychologie de l'ouvrier un retentissement profond, une vertu d'enseignement et d'éducation qui, transformant son intelligence, réformerait son jugement et animerait sa volonté de la ferme résolution d'aider à l'ordre, au progrès social. L'ébéniste, comme tous les hommes de métier, raisonne avec une justesse et une précision admirables lorsqu'il s'agit de sa tâche ; sa valeur technique est remarquable. Mais il lui arrive d'envier ceux qui « naissent avec une fortune » et de se réjouir de ce qu' « en Russie on les ait obligés à travailler » manuellement, puis, tout aussitôt, de se plaindre que « trop peu de gens peuvent mettre dix mille francs dans une chambre à coucher », autrement dit qu'il n'y ait pas davantage de gens très riches qui naissent avec une fortune et ne travaillent pas de leurs mains — sans apercevoir de contradiction flagrante entre ce désir d'un état social qui détruirait la propriété individuelle, les fortunes privées, et cette constatation de la subordination de l'existence du métier et de la subsistance de l'homme de métier à l'existence et à la permanence de fortunes privées importantes et nombreuses.

Comment expliquer cette aberration ? Une relation étroite, intime, incessante, existe, par la force des choses, entre l'ouvrier, pris individuellement, et sa tâche professionnelle ; ils sont liés l'un à l'autre, agissent et réagissent l'un sur l'autre ; leur parfaite adaptation réciproque est la condition même de leur existence. Il faut que l'ouvrier comprenne ce qu'il doit faire et sache le faire, qu'il voie clair et raisonne juste : la réalité infligerait immédiatement les plus cruels démentis à ses jugements faux ; pièce « loupée », place perdue ; et si tous les ouvriers d'un métier donné « loupaient » toujours leurs pièces, le métier lui-même devrait être rayé de la liste des industries ou des arts imaginés par les hommes. Eduqué directement par la réalité, contrôlé par les faits, discipliné par les sanctions de l'expérience, l'ouvrier ne s'abandonne plus aux chimères ; il maîtrise le réel, parce que, d'abord, il s'est soumis au réel. Voilà pourquoi un jugement positif et sûr règle son activité laborieuse.

Mais, si un rapport étroit et continu relie un ouvrier à sa tâche, il n'en existe, par contre, aucun entre l'ouvrier et son « état », ou métier : les ouvriers sont des isolés, isolés entre eux, isolés du métier lui-même qui apparaît comme une réalité distincte des salariés, ignorée d'eux, douée d'une vie extrinsèque, indépendante, sur laquelle ils ne possèdent pas de prise. Il est vrai qu'un certain nombre d'ouvriers sont syndiqués ; mais ils ne sont qu'une minorité et, si le syndicat dit professionnel est révolutionnaire, il ne touche le métier que par accident, très superficiellement et très passagèrement, pour une question de salaire ou de personne ou pour une manifestation politique ; et ce n'est plus là que la caricature du véritable syndicat de métier, qui est un élément du « corps » de métier, c'est-à-dire d'un tout organique et vivant, un

véritable Etat particulier, élément lui-même de l'Etat
proprement dit, bref un « corps d'état ». L'ouvrier
ne possède pas encore son Etat professionnel ; il ne
fait pas corps avec lui ; il en ignore toutes les réalités et toute la vie ; conditions, besoins, histoire, avenir, tout cela lui échappe.

On conçoit dès lors que, soustrait à toute discipline intellectuelle et collective administrée par son
milieu naturel, l'homme du métier déraisonne lorsqu'il s'agit, non plus de sa tâche professionnelle individuelle, mais de la tâche professionnelle commune,
du métier, Etat en miniature, élément vivant du grand
corps national que régit l'Etat proprement dit, à plus
forte raison lorsqu'il s'agit des questions intéressant
la nation et ses rapports avec le reste du monde. Aussitôt qu'il s'est acquitté de sa tâche personnelle, l'ouvrier se trouve perdu au carrefour des idées, rêve-
ries, passions, fantaisies individuelles, et des folies
collectives ; fatalement, il devient le jouet et la victime de tous les vents empoisonnés qui soufflent. Les
charlatans y exploitent à la fois ses sentiments les
plus élevés et ses instincts les plus bas, sa générosité
naturelle et sa tendance à l'envie ; ils associent dans
son esprit l'espoir de satisfaire les désirs les plus
matériels et celui de réaliser le plus utopique idéal ;
ils le persuadent que son corps épuisera tous les plaisirs d'une société où règnera la justice parfaite ; que
tous les hommes y jouiront d'un bonheur sans
nuage, de tous les biens dont regorge la terre ; qu'une
haute moralité, une science profonde, un fraternel
amour seront le lot de cette humanité régénérée. Por-

tés sur l'aile dorée de ces beaux rêves, les ouvriers
du Faubourg et les ouvriers de Paris ont fait la
grande Révolution, celle de 1830, celle de 1848, les
journées de Juin 48, de Décembre 51, le 4 Septembre
70 et la Commune de 71 ; on les mobilise pour la
plus grande Révolution prochaine ; et ils se laissent
porter de chimère en rêverie, de songe en utopie,
grands enfants incorrigibles, enfants sans famille professionnelle, enfants perdus du métier, individus
épars que n'éduque ni ne discipline, que ne garde ni
ne sauvegarde le Corps d'état, Etat élémentaire dans
la grande Cité nationale.

Décrire le mal, c'est indiquer le remède : le désé-
quilibre social se prolonge nécessairement dans la
pensée des individus ; cette pensée retrouvera son
harmonie lorsque l'ordre aura été rétabli dans l'organisation de la Société. Réintroduit dans les réalités
dont il a été exilé depuis J.-J. Rousseau et la Révolution, l'ouvrier acquerra nécessairement la compré-
hension des phénomènes sociaux ; l'équilibre dans
les choses ramènera l'équilibre dans son esprit. La
vie corporative initiera l'ouvrier aux difficultés d'un
gouvernement, aux problèmes qui se posent, à la
manière de les résoudre, lui montrera la nécessité
de soumettre notre imagination au réel et nos désirs
aux lois de l'univers ; le corps à corps avec les obs-
tacles que les choses opposent à nos constructions
idéologiques lui administrera les leçons expérimen-
tales auxquelles il devra de reconnaître que la sagesse
commande de s'y soumettre ; cette discipline de tous

les instants imposera le frein le plus sûr aux fantaisies mortelles d'une rhétorique en délire.

La réforme ouvrière fondamentale consiste donc à restituer l'ouvrier à son « corps », sa corporation, à son « état », son corps d'état, à son métier, son corps de métier, organe fondamental de la structure et la vie du corps de la nation : ses « Etats » particuliers sont naturellement appelés à participer, dans certaines circonstances, au règlement des questions générales qui se posent pour la société toute entière : ils concourent alors à la formation des Etats-Généraux, l'un des organes essentiels de la structure et de la vie de l'Etat. Par la voie des réalités concrètes, l'ouvrier est ainsi réintroduit dans la vie sociale, à tous les stades de son développement : s'il se sent encore citoyen de l'univers, il se sent d'abord et surtout citoyen de son métier, de sa cité, de sa province, de ses Etats particuliers et de ses Etats-Généraux, de sa patrie. Sa pensée replacée dans ses cadres naturels qui la protègent et la portent, ré-enracinée dans sa terre ancestrale dont elle aspire les sucs nourriciers, s'élève et s'élargit progressivement jusqu'aux horizons les plus lointains sans avoir jamais perdu le contact avec les exigences sensibles du monde réel où elle se meut.

L'effort qu'ont fait depuis la guerre les patrons pour avancer dans cette direction-là fournit aux ouvriers un utile exemple. Depuis longtemps, les chefs d'entreprise avaient obéi à la nécessité, qu'ils ressentaient, de se grouper en comités, associations, syndicats, trusts. Mais toutes ces formes de l'association professionnelle en vue du règlement des intérêts communs n'avaient fourni que d'imparfaites ébauches de la « corporation » dont plusieurs se sont appliqués, au cours de ces derniers temps, à retrouver la formule complète. Par ailleurs, les ouvriers ont subi la pression des mêmes nécessités lorsqu'ils sont entrés dans les syndicats fondés tout d'abord par les seuls révolutionnaires : le syndicalisme rouge est dû à un effort suscité par les exigences de la réalité, mais détourné de sa voie véritable par la séduction de rêves empoisonnés. Les syndicats chrétiens ont compris que l'organisation matérielle des intérêts supposait l'adoption de principes d'un ordre supérieur qui subordonnent les intérêts à la règle morale et religieuse et donnent accès à la sphère des préoccupations spirituelles : ainsi est-on conduit à voir dans la Confrérie le prolongement de la Corporation et tout à la fois son expression la plus haute et son animatrice.

L'organisation professionnelle serait singulièrement facilitée au Faubourg par la stabilité habituelle des ouvriers ébénistes ; ils restent volontiers longtemps dans la même maison ; beaucoup comptent jusqu'à vingt et trente ans de travail dans un atelier ; ce sont eux qui constituent le noyau de la population ouvrière du Faubourg ; ils en sont éminemment représentatifs ; ils perpétuent le type traditionnel de l'ébéniste parisien, qui a valu à ce quartier de la capitale sa réputation unique au monde. Les divers syndicats patronaux et ouvriers, les écoles professionnelles, la bibliothèque Forney constituent dans le quartier, pour le métier qui s'y exerce et la population spécialisée qui y habite, les éléments essentiels, mais épars, de l'organisation corporative. Plusieurs de ces éléments tendent à s'agréger : non seulement il existe déjà une fédération ouvrière et une fédération patronale de l'ameublement, mais les syndicats patronaux, l'école professionnelle patronale et la bibliothèque Forney vont bientôt se réunir sous le même toit d'une Maison corporative. La vie corporative existera donc au Faubourg, mais sans statut légal et seulement à l'état partiel et embryonnaire. En effet, les syndicats patronaux n'ont pas encore réussi à organiser une caisse de compensation pour les allocations familiales, qui sont si nécessaires et si conformes à la notion du juste salaire ; en outre, il n'existe ni syndicats d'artisans et façonniers, ni association corporative, soit de syndicats des métiers annexes, soit de syndicats ouvriers. Enfin, toutes ces Corporations, une fois constituées, devraient s'agréger en un Corps de métier qui deviendrait très vite assez puissant pour apporter à tous ses éléments une aide abondante et à l'Etat un solide appui.

Malheureusement, à l'heure présente, les artisans et façonniers n'ont pas su vaincre l'individualisme antiprofessionnel et antisocial qui les divise, les disperse, les réduit trop souvent à l'impuissance, les laisse à la merci d'une crise (1). Ils sont pleins d'intelligence professionnelle et de sens esthétique, doués

---

(1) Esprits indépendants et frondeurs, ils ont pour la plupart quitté les ateliers où il leur était insupportable de se sentir embrigadés et de subir une discipline.

15.

d'esprit inventif, habiles à imaginer des modèles nouveaux ; dans leur situation extrêmement modeste,
précaire même, beaucoup d'entre eux sont de véritables artistes, des créateurs de beauté. La faiblesse
et l'incertitude de leur situation sont dues à leur isolement individualiste. La vie corporative leur assure-
rait, avec les achats en commun de la matière première et les débouchés pour la vente de leurs produits, les réserves et le crédit dont ils ont besoin (1).

Quant aux syndicats ouvriers du meuble, au Faubourg, ils se sont engagés, sous l'empire d'idées fausses, dans la voie funeste de la politique révolutionnaire qui les conduit à leur propre ruine. C'est par
une organisation purement professionnelle, par conséquent corporative, qu'ils pourront sauvegarder, non
seulement les intérêts matériels, mais la culture technique et la culture générale de leurs membres, et
former à la fois des ouvriers compétents et cultivés
et une élite capable de diriger les groupements et de
gérer les intérêts collectifs. De la classe ouvrière envi-
sagée dans son ensemble, on doit dire qu'elle est
dépourvue de culture et qu'elle ne manifeste même
pas d'effort pour en acquérir : ses conditions matérielles et morales d'existence la privent de l'une et
lui interdisent l'autre. Nous avons eu maintes fois
l'occasion de le noter, tout en soulignant en même

(1) Voir les articles sur l'*Artisanat*, dans les *Cahiers des
Etats-Généraux* ; « La renaissance de l'artisanat », dans le
n° 5 des *Cahiers*; « L'artisanat dans la corporation lyon-
naise de la soie », dans le n° 9 ; « La confédération générale de l'artisanat français », dans le n° 12.

temps le désir qui s'en manifeste parmi les meilleurs et la recherche spontanée de l'étude dont plusieurs donnent le touchant exemple. L'ignorance du plus grand nombre livre, dans leur ensemble, les ouvriers à l'influence révolutionnaire ; faute de guides désintéressés, de méthode et de doctrine, une partie de ceux qui tentent de s'instruire cède à cette même influence. La plupart des ouvriers sont actuellement détournés de l'activité intellectuelle par trois ordres de faits qui n'agissent pas moins défavorablement sur la jeunesse universitaire : un excès de goût pour les sports qui les amène à leur consacrer la totalité des loisirs ; la pression des besoins matériels plus forte au lendemain de la guerre, imposant à tous la préoccupation constante du gain ; la séduction, plus vive que jamais, des plaisirs, conséquence inévitable d'une existence ainsi profondément matérialisée. L'influence de ces faits est d'autant profonde qu'elle s'exerce sur des milieux déjà ravagés par les effets d'une politique laïque de déchristianisation. Si l'on y joint ceux de l'inorganisation ouvrière et professionnelle, on se rend compte de la facilité avec laquelle doit se produire le glissement vers la ruineuse et sanglante duperie révolutionnaire qui détourne définitivement l'ouvrier de son désir profond de vie ordonnée, équilibrée, harmonieuse, digne, honorable et honorée, assurée du lendemain autant que peut l'être chose humaine, et où il y aurait place pour l'existence au foyer comme pour l'existence à l'atelier, pour l'activité intellectuelle et morale comme pour le travail producteur et le jeu qui délasse. Les centres normaux et

primordiaux de la formation religieuse et morale,
civique, intellectuelle et technique, de l'ouvrier
comme du bourgeois, sont le foyer paroissial et le
foyer communal, le foyer familial et le foyer professionnel. L'esprit jacobin les a détruits ou s'efforce de
les détruire ; le régime libéral, individualiste, matériel et matérialiste, laïcisateur, sorti de la Révolution
française, chargé de son esprit, réalisateur de son
programme, fils de ses œuvres, gros des Révolutions
futures, voilà le grand coupable, le plus redoutable
ennemi des travailleurs de l'usine et de l'atelier
comme de tous les citoyens.

Dans le Faubourg, nous voyons de nombreux artisans rechercher spontanément la culture intellectuelle
professionnelle sous la double influence des exigences du métier et de la mise à leur disposition de l'instrument d'étude, la bibliothèque Forney. Ce fait nous
montre quelle puissance de bonne volonté, quelles
ressources d'énergie et de zèle renferme la classe
ouvrière et quels fruits merveilleux elle ne manquerait pas de produire dans une organisation de la
société où elle trouverait la place qui convient à son
mérite et au rôle si important qu'elle joue. Déjà, dans
un précédent volume (1), j'ai relevé les exemples
remarquables d'efforts spontanés vers une culture
supérieure que nous offrent des travailleurs manuels,
des jeunes gens, malgré toutes les tentations de la
mode sportive, tout l'attrait des plaisirs faciles et grossiers, toute la fatigue d'un métier manuel. Aussi bien

(1) *De la Popinqu' à Ménilmuch'*, p. 213.

s'agissait-il d'ouvriers catholiques syndiqués qui trouvaient dans leur ébauche d'organisation professionnelle et dans les inspirations de leur conscience religieuse et morale la raison d'un effort si louable. Chez les autres, la noblesse de ce désir, enfoui sous la cendre de la vie matérielle qui les asservit, apparaît au grand jour sous l'influence du travail éducateur auquel les sollicite l'activité dévouée de ces « Equipes sociales » dont Garric est l'initiateur généreux. La même aspiration vers un idéal qui domine les tristesses de leur vie, mais déviée, altérée, dupée par la folle et mensongère entreprise révolutionnaire, se retrouve en beaucoup de ces jeunes qu'attire le programme des cercles communistes où ils croient trouver, avec l'étude, la culture et la science, le secret d'une panacée qui transformerait en joie la lourde peine de leurs jours. J'ai enfin noté dans une précédente enquête qu'au lendemain de la guerre des libraires me signalaient l'achat fréquent, par de jeunes ouvriers, de livres techniques. Tous ces cas, individuels ou collectifs, isolés et épars, prouvent combien le terrain est favorable à une action qui arracherait tous les autres ouvriers à l'indifférence ou à l'impuissance en agissant sur l'ensemble de leur classe. Mais cette œuvre de régénération suppose plus que des efforts individuels ; si l'organisation ouvrière dans le cadre de la profession était réalisée, ce ne serait plus de quelques-uns, mais de tous, que jaillirait l'effort rénovateur qui, élevant les ouvriers au niveau auquel ils peuvent et doivent prétendre, enrichirait la société toute entière de leur collaboration éclairée.

Enfin, les effets moraux, intellectuels, techniques, matériels et pécuniaires, de l'organisation professionnelle, en donnant à l'ouvrier un statut social, en lui restituant son état, lui ménageraient dans la société la place honorable à laquelle il a droit. On peut lire sur une pancarte accrochée à la porte d'un débit de vins, à Rennes : « Un Tel, commissionnaire, fait tout ce qui concerne son état. » Cette vieille formule corporative, venue d'une tradition lointaine, atteste la noblesse à laquelle a droit tout métier, pour humble qu'il soit. Tout métier est honorable, non pas toute personne. Il n'y a pas de sot métier, il n'y a que de sottes gens.

En résumé, le Faubourg nous montre un métier, un quartier et sa population séculairement associés, des ouvriers spécialisés, des artisans, une multitude de petits ateliers et de petits patrons, une population intelligente et laborieuse qui tend à s'organiser professionnellement, que les étrangers envahissent, que les révolutionnaires s'efforcent de conquérir. L'instabilité professionnelle, la précarité de la vie ouvrière, la perméabilité de la conscience ouvrière aux influences dissolvantes résultent de l'inorganisation du métier, et l'extension de ces inquiétants symptômes à toute la société moderne découle de son caractère inorganique. La société doit être, conformément à sa nature, un tout organique, dans sa structure et dans son activité. Pour l'organiser, il faut doter d'une constitution légale les corps naturels qui existent en fait et lui fournissent ses éléments nécessaires. Au point de vue économique, la société élémentaire est le Corps de Métier, agrégat de Corporations (1). Le Faubourg nous les montre à l'état vécu, mais incomplet, fragmentaire et dissocié ; les morceaux épars semblent se chercher et tendre à se réajuster les uns aux autres. Les Corporations assumeraient la charge de la formation professionnelle, de la législation et de la justice intérieures, de la réglementation du marché et des prix, du contrôle de la qualité des produits, de la garantie aux gens de métier de la propriété de leur métier, des assurances sociales contre les risques de l'existence.

Les Corps de métier, unités locales, se grouperaient en fédérations nationales (2) de la Navigation, des Transports, du Textile, du Bois, du Fer, des Mines, de l'Agriculture (3), etc... Cette organisation économique de la Société nationale retentirait nécessairement sur son organisation politique territoriale en Etats provinciaux et généraux, représentatifs des éner-

(1) Voir : DUTHOIT, *Vers l'organisation professionnelle;* de la TOUR DU PIN, *Vers un ordre social chrétien* et *Aphorismes de politique sociale;* VALOIS, *L'Economie nouvelle;* MATHON, *La Corporation.*

(2) Voir ma conclusion générale des *Mineurs.*

· (3) Voir « *Le problème de la terre* », compte-rendu des Semaines sociales de France, session de Rennes, leçon de M. Toussaint sur « L'Organisation professionnelle de l'agriculture », pp. 289-302, et *Cahiers des Etats Généraux*, n° 17, article d'H. Brame sur « L'organisation corporative des agriculteurs français ».

gies et des corps de l'Etat devant le Pouvoir central,
et trouverait son complément dans la vie spirituelle
de la Confrérie, âme de la Corporation.

TABLE DES MATIÈRES

IMPRIMERIE SAINT-DENIS

11, AVENUE SAINT-JEAN-D'ANGÉLY, 11

NIORT